Av Anita Deak har tidigare utgivits:
På BoD
Tankemattor 2011

Driften, Minnet & Generna

Essäer & Krönikor

Tack Peter för uppmuntran och tålamod

FSC
www.fsc.org
MIX
Papper från ansvarsfulla källor
Paper from responsible sources
FSC® C105338

Omslagsbild: Kollage av Anita Deak
Urklipp på teckning från Dreamstime

http://tankemattan.jimdo.com

Förlag och tryck: BoD
ISBN: 978-91-7463-142-5

DRIFTEN, MINNET & GENERNA

ESSÄER & KRÖNIKOR

AV

ANITA DEAK

Innehållsförteckning:

Driften, Kroppen och Minnet

Driften är alltid naken.

Några varelser går barfota i askan efter ett vulkanutbrott. 3,6 miljoner år har gått sedan dess men deras fotavtryck finns fortfarande kvar i nuvarande Tanzania. Genom ett Svensk-afrikanskt museisamarbete kan man se dem avgjutna och kopierade i en utställning, tillsammans med spår från promenaden på månen för 26 år sedan. En svindlande resa i tiden, och i känslan, då man i avtrycken från de nakna fötterna i vulkanaskan, urskiljer en mindre fot inuti de större. Som hade en kvinna följt tätt bakom sin man under hotet från vulkanen. En märklig upplevelse då jag hade i uppdrag att skriva om utställningen och tillsammans med en av arkeologerna provade den egna foten i avtrycket. Plötsligt kom en annan kvinna oss mycket nära genom de miljoner år som skilde oss åt. Storleken på hennes fot en knapp 37:a kunde vi konstatera där vi stod i strumplästen.

Ungefär i de här spåren börjar också antropologen Meredith F. Small sin bok *What's Love Got to do with It* som utforskar människans parningsmönster fram till idag och vidare in i framtiden. Och hon går längre än till några steg på månen då vi slutligen ställs inför frågan om alternativet till sexuellt umgänge kan bli Internet och Virtual reality.

Någon större förändring av människan har egentligen inte skett under den här tiden, skriver Small. Hjärnan har vuxit så att den nu i relation till kroppsstorlek är störst i hela djurriket och med den har vi lyckats utveckla komplicerade verktyg som kräver kunskap och fysisk skicklighet. "Vi har skapat kulturartefakter som skyddar oss från Naturen." Men förutsättningarna för vår framtid är desamma som för vårt förflutna; att anpassa oss och föda barn som kan föra våra arvsanlag vidare. Och frågan är hur denna anpassning ska ske. Om kultur, teknologi, civilisation och hög intelligens kan rädda oss från naturen och ge oss kontroll över vår fortplantning och vår sexualdrift? En kontroll vi gärna tillskriver oss själva och som gör att vi betraktar oss som annorlunda än våra släktingar i djurriket. Som om vår sexualdrift skulle vara något annat än ett biologiskt medel att göra fler av vår egen sort. ”Vi har separerat sex från reproduktion och behängt det med kulturell grannlåt” skriver Small.

En sådan grannlåt var föreställningen att kvinnan likt en madonna skulle vara befriad från sexualdrift, till skillnad från mannens ”naturliga” promiskuitet. En uppfattning som kvinnans biologiska utvecklingshistoria visar är felaktig. Ett patriarkalt samhälles kulturstrategi för att avhålla kvinnan från sexuella kontakter och göra det möjligt att kontrollera vem som är far till de barn hon föder. Naturen har tvärtemot den här föreställningen försäkrat sig om att intresset för sex upprätthålls hos kvinnan genom att ge henne förmågan till orgasm. Någon annan funktion har den inte, anser Small. Även i övrigt har kvinnans kropp under årtusendens utveckling i själva verket byggt upp olika former av skydd och strategier som gör det möjligt för henne att ha sexuellt umgänge med flera män och aktivt styra vem av dessa som ska befrukta henne. Ett exempel på detta är bristen på yttre tecken som visar när hon är som mest mottaglig, något som finns hos våra släktingar primaterna. Det skapar avsiktligt en osäkerhet hos mannen som förbättrar hans spermieproduktion, vilken ökar så snart kvinnan varit utom synhåll för honom en tid. En kompensation för uteblivna chanser att befrukta henne under frånvaron. Kvinnan vet genom ett ökat sexuellt intresse när ägglossningen sker och kan styra om hon ska låta sig befruktas. Samtidigt har naturen också försett henne med möjligheten att bestämma av vem, genom att utrusta henne med ett skydd som stöter bort spermier från fler än en partner. Därigenom kan hon själv välja vems avkomma hon vill föda oavsett att hon lever i parförhållande.

Kvinnan är med andra ord inget passivt offer för mannens sexualitet som gjorts gällande. Lika litet som mannen av kvinnan luras in i ett parbundet förhållande genom erbjudande om regelbunden sex som är en annan "grannlåt" i våra kulturella föreställningar. Nej, mannen likaväl som kvinnan är offer för den biologiska driften att på bästa och säkraste sätt föra arvsanlagen vidare, hur ogärna vi än vill se det.

Att våra kulturella ideal även i övrigt överensstämmer dåligt med praktiken framgår tydligt av vår relation till monogami. För trots att vi i allmänhet förbinder oss till monogama förhållanden bekräftade med bröllopsritualer, visar det sig att både kvinnor och män gillar en ny erfarenhet då och då. I tidigare gjorda undersökningar var det övervägande män som erkände tillfällig otrohet, men sedan 1970 har kvinnorna knappat in på försprånget. Idag kan man säga att intresset finns hos de flesta av oss då både kvinnor och män i 73 % av väldens kulturer erkänner utomäktenskapliga förbindelser. Överraskande nog bejakar kvinnorna i så hög grad sina behov trots att de flesta samhällen mer eller mindre hårt bestraffar just kvinnlig, inte manlig, otrohet. Med det i minnet blir det svårt att tro på föreställningen om kvinnans brist på sexuellt intresse.

Det Small i sin bok opponerar sig allra mest emot är evolutionspsykologernas teorier om hur vi väljer våra partner. Enligt dessa skulle kvinnorna främst intressera sig för äldre män med status och stora inkomstmöjligheter, resurser hon önskar åt sina barn. Mannen däremot fokuserar intresset på en ung kvinna med ett långt reproduktivt liv framför sig. Den signal som talar om för mannen vem som är ung, frisk och fertil skulle enligt det här synsättet vara en universell standarduppfattning om vad som är kvinnlig skönhet.

Så här polariserade i sökandet efter en partner, är inte könen anser Small. Kvinnor som vill öka sina reproduktiva möjligheter skulle också gärna välja en man med ett långt liv framför sig, ung frisk och snygg. Det är inte naturen, utan kulturen som tvingar kvinnor att välja män som kan ge dem ett välstånd de inte kan nå på annat sätt. Å andra sidan skulle mannens bästa partner lika gärna kunna vara en kvinna som redan bevisat sin fertilitet genom att ha fött barn. Om vår uppfattning om vad som är vackert dessutom skulle vara indikator på fertilitet, skulle det inte ske någon förändring av skönhetsidealet mellan generationerna och ingen skillnad finnas mellan olika kulturer. I själva verket visar alla studier av kvinnors och mäns syn på vad som är en idealisk livspartner att våra önskemål är enastående lika. De faktorer som båda könen anser viktigast är kärlek och ömsesidig attraktion, därefter kommer personliga egenskaper som godhet, medkänsla och omsorg.

Nej, polariseringen och konflikten ligger inte mellan könen enligt Small, utan inom individerna. Striden står mellan viljan att bejaka den sexuella driften och nödvändigheten att hålla ihop med en partner för att tillgodose barnens behov. ”För var och en av oss är långvariga såväl som kortvariga relationer alltid en kompromiss på flera plan, oavsett vilket kön vi tillhör” menar hon. Och den stora frågan är på vilket sätt vi i framtiden ska lösa den här konflikten mellan det vi helst vill och det vi måste, för att säkra vår överlevnad som art. Kan högteknologin kompensera viljan, och konstgjord befruktning bli ett sätt att föra arvsanlagen vidare, undrar Small och skärskådar de olika former för konstgjord befruktning som utvecklats under senare år. Metoder som i första hand tagits fram för att hjälpa infertila par och som är dyrbara, obehagliga och inte särskilt framgångsrika. Och hon drar slutsatsen att till dess vetenskapen åtgärdat bristerna, kommer de flesta av oss fortsätta göra barn på det vanliga sättet.

Vad gäller högteknologin och datatekniken är Internet en uppvisning av våra mest primitiva sociala instinkter, säger Small vilket betyder att erotiken funnit sin plats där. Var och en som har en dator och ett modem kan via telefonledning koppla upp sig till andra datorer på Internet och finna bildframställningar, såväl som partner att utbyta sexuella fantasier med i form av verbal eroticism. Med hjälp av en CD kan personer ensamma uppleva njutning i ett program där en varelse rör sig på skärmen efter användarens önskemål i vad som är datorpornografi. Att det här kan verka som en global inbjudan till orgier är ändå möjligt bara för en mycket liten del av världens befolkning. En lekplats för de materiellt rika. ”Någon inverkan på människosläktet ur en evolutionär synvinkel är inte trolig” anser Small. Det gäller även Virtual reality som visserligen med en hjälm och några elektroder kan ersätta den jobbiga delen med naturligt sex. Nämligen att finna en partner som är intresserad och trasslet med avklädning och påklädning. Men ”om vi skulle vara nöjda med solosex hade onani för länge sedan blivit universalmedlet för sexuell tillfredsställelse”.

Nej, det som på allvar kan komma att förändra vårt sexuella beteende är AIDS och där har naturen hunnit ifatt oss, menar Small. För viruset har förmodligen alltid funnits men på senare tid ökat sin aktivitet genom förändringar i människans beteende. I hotet från HIV finns potentialen till ett nytt synsätt vad gäller samlag, sex med olika partner och eroticism. Undersökningar visar att sexuellt aktiva personer, medvetna om riskerna, har ändrat sina vanor. De byter inte partner lika ofta och använder kondom för att skydda sig. Och kanske kan vi här till sist utnyttja den kraft som finns i de kulturella föreställningarna, och ta kontroll över vårt liv som könsvarelser genom att göra kondomen till det normala vid sexuellt umgänge som inte avser att alstra barn. För "om sociala normer kan tvinga folk att bära kläder även när det inte behövs och delta i obligatoriskt firande som inte har någon praktisk betydelse, så borde det väl vara möjligt att förespråka 'påklätt' sex som den normala ritualen för sexuell interaktion," sammanfattar Small.

Och kanhända är det enda hoppet för att hejda spridningen av AIDS. Kanske en nödvändig eftergift för att människan även i framtiden ska kunna följa spåren efter nakna fötter. Det må sen vara i askan efter ett vulkanutbrott eller i sanden på en badstrand.

---

[*] Publicerad på DNs vetenskapssida 1997

En sorglig tanke om jämställdhet.

Vetenskapssidans artiklar (DN 4/2 1996) om testiklarnas storlek och herravälde, gav upphov till många reaktioner och tankar av mer eller mindre rumsrent slag. Mest av allt reagerade jag kanske ändå på Peter Sylwans betraktelse över det helt naturliga i farliga förbindelser. Beskrivningen av spindelhannen som låter sig ätas upp av sin sexpartner under kärleksakten var både motbjudande och tankeväckande. Något långsökt kanske, gick mina tankar till dagens unga familjer och resultatet av min egen generations kvinnoemancipation. Och med risk för att provocera tycker jag att många unga relationer idag påminner något om spindelparets kamp för fortlevnaden.

Som både farmor och mormor får jag en hel del inblick i samlevnadsproblemen och strävan att finna lösningar, i dagens unga familjer. Och efter att ha hört diskussionerna och grälen, samt gjort mina iakttagelser på åtskilliga barnkalas de senaste åren, har jag börjat fråga mig vart den kamp för jämställdhet jag själv var med och startade, egentligen tog vägen. På det offentliga planet tyckts den inte ha lett till några större förändringar och på det privata förefaller den ha slagit över i delvis ombytta roller.

Dagens unga kvinnor ställer krav på männen, framförallt efter att relationen lett till föräldraskap. Kampen för en ömsesidig fördelning av arbetsuppgifterna i hemmet drivs hårt och vem som ska byta blöjorna tycks vara ett ständigt återkommande tvistefrö. Detta oberoende av vem som för tillfället är föräldraledig och oavhängigt övrig arbetsbelastning. Fortfarande gäller dock, liksom på min tid, att kvinnorna talar om vad som ska göras och hur det ska ske. Skillnaden är den att männen idag kanske mer försöker leva upp till förväntningarna.

Mina intryck av männen i de här situationerna ger en återklang av det läge kvinnorna hade i min barndom, då manfolken ganska ohämmat körde med sina fruar och dessutom öppet kommenterade och kritiserade deras agerande. Ju mer mannen kunde kritisera dess högre blev han status. När jag idag ser prov på dessa ombytta roller blir jag någonstans i mitt inre väldigt beklämd för jag inser ju min egen generations del i utvecklingen. Det verkar som om vår vägran att acceptera våra mödrars situation och strävan efter att uppnå en större jämställdhet med männen, har fått pendeln att slå över åt andra hållet och med den även föraktet. Idag talas och skrivs det t o m om *Himbos*, vilket betyder unga välformade grabbar vars företräden anses ligga helt på utsidan av deras vackra kroppar. Att de skulle ha någon förmåga att tänka, eller att man skulle kunna prata med dem ingår inte i bilden, de är enbart till för kvinnornas förlustelse. Det här är inget annat än motsvarigheten till de kvinnliga *Bimbos* som var tidigare generations uttryck för könsföraktet. Inte var det så vi tänkte oss jämställdheten.

I likhet med spindlarna i artikeln tycks de unga männen uppgivet finna sig i den här situationen som någon oundviklig del i fortplantningsprocessen. Och om någon kamp för balans och jämvikt i relationen förs, tycks det ske på ett plan som också är likt skuggor ur det förgångna; man går undan, tiger, jobbar över och skiljer sig. Det är ett annat sätt att låta sig ätas men i längden lika ödesdigert och ofruktbart som spindelhannens. Åtminstone om målet är någon form av gemenskap mellan könen.

Att detta skulle ha något med storleken på männens ballar att göra som påstås i artiklarna har jag svårt att tänka mig, men om så skulle vara fallet föreställer jag mig att de undan för undan krymper ihop till skrynkliga små russin. Alldeles likt själen hos parterna i en dålig parrelation där den glädje könen kan ha av varandra helt kommit på avvägar i en kamp om positioner. Tanken att det skulle vara naturligt är alltför sorglig.[•]

[•] Publicerad på DNs vetenskapssidan 1996

”Varför överlever gamla tanter”

Med den rubriken presenterades för några år sedan den så kallade *Grandmother theory* i en av våra stora dagstidningar. En hypotes antropologen Kristen Hawkes vid University of Utah lagt fram efter studier av en grupp jägare och samlare i Tanzania, Där fokuserade hon på de äldre kvinnornas betydelse för barnbarnens överlevnad och hade utarbetat en teori om vad det betytt för evolutionen. Hawkes menade att de äldre kvinnornas insats var grunden till en utveckling där kvinnors liv hade förlängts efter menopausen så att de numera lever ytterligare 30-40 år trots att de inte längre är fertila.

Tidningen uppmärksammade Hawkes hypotes enbart med en liten notis, men den olycksaliga rubriken fick mig att gå i taket. Jag tyckte den var cynisk och mer speglade det samhälle vi själva lever i och dess kvinnosyn, än Hawkes utvecklingsteori. Frågan rubriken ställde skulle nästan bara kunna uppstå i ett samhälle som vårt där den äldre kvinnan betraktas som en belastning och hennes befintlighet är så specifik att den kräver särskilda förklaringar. Talar man om kvinnor efter klimakteriet kan det dessutom gälla även 45 åringar. Alltså inga ”gamla tanter”.

Som följd ifrågasatte jag också Hawkes frågeställning i den refererade hypotesen. Varför skulle det vara en större evolutionär gåta att kvinnor överlever efter klimakteriet än att människan över huvudtaget lever vidare efter sin mest fertila period och den tid som går åt att ta hand om avkomman, menade jag. Så alltså även vad gäller männen. För även om män i allmänhet är fertila långt upp i åldrarna sjunker ju deras betydelse för, och möjligheter till fortplantning, bland annat genom försämrad förmåga att genomföra samlag.

De äldre kvinnornas betydelse för gruppens överlevnad i jägar- och samlarsamhällen, även utanför rollen som far/mormor, är dessutom känd sedan tidigare. Studier som gjorts av lågteknologiska samhällen likt det hos Hazdafolket i Tanzania visar tydligt hur kvinnornas betydelse ökar med åldern. Menopausen ger dem en särskilt värdefull ställning då de tabuföreställningar som ofta förknippas med menstruationen inte längre utgör något hinder för hennes roll i samhället. Den äldre kvinnan anses ofta ofarlig och har därför möjlighet att röra sig obehindrat mellan mansgruppen och kvinnogruppen. Något som är en klar fördel då samarbete är av vikt för överlevnaden och av lika stor betydelse för evolution som ren fortplantning.

Jag ställde mig alltså frågande till Kirsten Hawkes och hennes kollega James O'Connells *Grandmother theory* och dess betydelse för utvecklingen av kvinnors livslängd. Den baserades på iakttagelser de gjort under en tids fältarbete hos Hazdafolket i Tanzania där avsikten egentligen varit att studera vad jägare och samlare som Hazdafolket förtärde av det som växer vilt i naturen och hur arbetet med att finna och samla ätbara växter var fördelat mellan gruppens medlemmar. Forskarnas observationer visade då att de äldre kvinnorna samlade ihop mer mat än kvinnor som fortfarande var i fertil ålder, och att de särskilt plockade sådant som barnen var för små för att komma åt själva, såsom rotknölar djupt nere i jorden. På så sätt hjälpte de till att skaffa föda till sina barnbarn. Hawkes och hennes kollega jämförde de här iakttagelserna med undersökningar som gjorts av andra däggdjur som liknar oss t ex schimpanser där människobarnet i motsats till schimpansungen inte är kapabel att bidra till att försörja sig själv efter amningen. För människomamman innebär det att hon måste dela mat med sitt barn längre än schimpanshonan vilket i sin tur hindrar mamman från att ge liv åt fler ungar. Om en äldre kvinna däremot hjälper till att skaffa mat kan istället den fertila kvinnan föda barn tätare. Är det dessutom kvinnans egen mor som står för hjälpen innebär det att mormodern i sin tur får fler ättlingar som för hennes gener vidare. Evolutionen tjänar alltså på en sådan ordning och det menar forskarna är grunden till att människan har utvecklat en livslängd som i så hög grad skiljer sig från våra släktingar i djurriket. Och framförallt är det enligt deras hypotes förklaringen till varför kvinnorna lever så lång tid efter menopausen. Något som inte är fallet med t ex schimpanshonan vars liv ofta tar slut medan hon fortfarande är fertil. Då är hon i regel högst 40 år och redan ganska åldrad och svag. Ändå har vi från födseln ungefär samma förråd av ägg i våra äggstockar, förlorar dom i samma hastighet och borde rimligtvis ha en liknande livslängd.

Läser man Rickard Dawkins *Den själviska genen* (1976) finner man även där en liknande förklaring till hur evolutionen tjänat på en "barnbarnsaltruism" som han kallar det. Det bottnar i att kvinnan gradvis rent fysiskt blir en sämre vårdare av de egna barnen ju närmare hon kommer den ålder då menopausen idag inträffar. En gammal mors barn har alltså mindre chans att nå vuxen ålder än ett jämngammalt barnbarn med en ung mor som får hjälp av den äldre kvinnan. Mormoderns gener finns ju även hos barnbarnen och även om det bara är en fjärdedel av vad som förekommer hos hennes egna barn kompenseras det av att barnbarnen med hennes hjälp säkrare når vuxen ålder och kan börja producera egna barn. Genom att satsa på barnbarnen har alltså genen för att leva ytterligare en tid, trots avslutad fruktsamhet, potential att föras vidare i barnbarnens kroppar och bli allt talrikare. Enligt Dawkins kan det vara förklaringen till menopausen och den ökade livslängden. För mannens del lönar det sig däremot alltid bättre genetiskt, att investera i barn med en ung kvinna än i barnbarn som bara kommer att föra en fjärdedel av hans gener vidare, i motsats till barnens 50 %.

Hawkes och O'Connells hypotes om *grandmothering* har ifrågasatts från olika delar av forskarsamhället sedan den presenterades 1997. Bland annat har man betonat att människans allt större hjärna kräver längre tid att utvecklas vilket gjort att livslängden med nödvändighet utökats. Men Kristen Hawkes menar att hjärnans storlek och vår ökade kroppslängd och vikt snarare är följder av, än orsaker till att människan lever längre. Och hon vidhåller att det var mormödrarnas insatser som gjorde att ett längre liv lönade sig och därmed utvecklade förfädernas apliknande tillvaro till en mer mänsklig sådan, långt innan vi blev Homo sapiens. Hon menar dessutom att det i första hand skulle vara sin dotters barn de äldre kvinnorna tjänar på att hjälpa, vilket också kritiserats. Men där ligger en del av förklaringen i att det ofta kan finnas en osäkerhet på vem som är far till ett barn, vilket gör det evolutionärt lönsamma i en farmors hjälpinsatser, tveksamt.

En mer seriös kritik än det jag nämnt har dock bestått i att Hawkes och O'Connell inte kunnat uppvisa någon övertygande matematisk beräkning som stöder deras teori om livslängdens evolution och de har därför i samarbete med Nicholas Blurton Jones vid University of California, gjort en datorsimulering vars resultat publicerades 2012. Det är en modellstudie där utvecklingen av livslängden hos oss människor i förhistorisk tid beräknas med schimpanserna som underlag och som enligt forskarna visar att djur med en livslängd liknande deras med hjälp av *grandmothering* under 60 000 år kan utvecklas till att motsvara människans.

Studien tar avstamp i uppnådd vuxenålder som hos schimpansen ligger vid c:a 13 år varefter de lever i genomsnitt ytterligare 15-16 år. (Människor som bor i utvecklade länder beräknas inte blir vuxna förrän i 19-årsåldern men kan leva ytterligare 60 år eller mer). För att begränsa effekten av *grandmothering* i underlaget har forskarna gjort antagandet att kvinnan inte kunde bli mormor förrän hon fyllt 45 år och längst tills hon uppnått 75-årsåldern och att hon endast kunde ta hand om ett barn i taget från 2 år och uppåt oavsett vems det var, inklusive dotterns. Simuleringen startar alltså med att endast 1 % av kvinnorna uppnår mormors-åldern och kan ta hand om sina barnbarn. Men trots den begränsningen i underlaget visade det sig ändå i slutet av simuleringen att antalet levnadsår, inom en tidsperiod av 24 000 till 60 000 år, med hjälp av *grandmothering*, fördubblas till 49 år från i annat fall 25 år. Och det motsvarar resultatet av Observerationerna bland jägare och samlare menar forskarna, som därmed tycker sig ha fått ytterligare stöd för sin hypotes.

Hur simuleringen gått till rent matematiskt är inte jag människa att förstå men den utarbetades av Peter S Kim vid University of Sydney, matematiker och biolog. Och om Kims beräkningar stämmer är det ett övertygande bevis för mormödrarnas insats i evolutionen. Något som förvandlar den gamla kvinnan från att vara en människa vars existensberättigande ifrågasätts, till ett fenomen som lyckliggjort oss alla med ett långt liv. Ett starkt argument att ta fram om frågan uppstår igen varför gamla tanter överlever!

Assange och andra.

Återigen har Julien Assange överklagat beslutet om utlämning till Sverige, där han ska förhöras beträffande våldtäkten han anklagas för, och slutligen har han sökt skydd på Ecuadors ambassad i London för att undkomma. Han förnekar att hans samlag med en sovande kvinna skulle kunna betraktas som våldtäkt och menar att det i princip var tillåtet även om hon sov, eftersom kvinnan redan gått med på könsumgänge tidigare på kvällen. Det etiskt och moraliskt oförsvarbara i att genomföra ett samlag med någon som inte är tillräckligt vaken för att vara för eller emot, verkar inte störa honom alls. Och att sex med någon som inte är tillräckligt medveten om vad som händer och därför inte kan värja sig, är olagligt och räknas som våldtäkt i vårt land, tycker han uppenbarligen inte är något att bry sig om.

Och visst kan det ibland vara svårt att veta var gränsen går för vad som är en kärleksfull invit mellan vaka och sömn eller ett övergrepp, och där kan även en normalt rättskaffens man gå vilse. Något som får mig att minnas mötet med en Nordamerikansk Internetkontakt för många år sedan. Vi hade efter ett par års chattande och mailande bestämt oss för att träffas i Paris, där jag tillfälligt hyrde en lägenhet. Det hade varit en intensiv kontakt via nätet och rent intellektuellt kan man nog säga att vi kände varandra väl. Därför tyckte vi också att han kunde stanna kvar över natten, istället för att ta in på hotell, när han besökte mig. Något som kändes helt naturligt eftersom vi redan visste det mesta om varandra. Trodde vi. Ända tills jag vaknade av att han vräkt sig över mig och var i färd med att ganska brutalt försöka genomföra ett samlag.

Trots att mannen ifråga varit gift under en stor del av sitt liv och rimligtvis borde veta hur man ska behandla en partner, blev han väldigt överraskad av att jag inte kunde acceptera ett sådant beteende, utan istället hävdade min rätt att vara tillräckligt vaken för att delta eller säga nej. Även i hans ögon var allt tillåtet eftersom vi kommit överens om att han kunde sova över, och argument som etik och moral tyckte han inte hade med saken att göra. Istället blev han sårad av mina argument. Att det i mitt land finns lagar som rubricerade hans beteende som sexuellt ofredande, eller än värre våldtäkt, tyckte han i likhet med Assange var överdrivet. Ändå var han för övrigt en både försynt och laglydig person.

Och frågan är hur mycket etik och moral, eller ens lagar kan skydda oss kvinnor mot sexuellt ofredande, eller våldtäkt. Visst blir de flesta av oss, män såväl som kvinnor, väldigt upprörda när vi läser om sexualbrott, och visst känner vi med offret. Är det dessutom ett barn eller en ung flicka (eller pojke) som blivit utsatta tar vi än mer illa vid oss av fallet, och det med rätta. Att tilltvinga sig sex med våld är något som de flesta av oss betraktar som fullständigt uteslutet och otänkbart, och därför är det också olagligt. Ändå är det bara 40 % av de anmälda sexualbrotten som gäller våldtäkt eller försök till våldtäkt. Den största delen av anmälningarna rör istället sexuellt ofredande, enligt rapporter från BRÅ (Brottsförebyggande rådet). Detta trots att mörkertalet när det gäller ofredande med all säkerhet är mycket stort då rubriceringen är vag och brottet svårt att bevisa. Anmälningarna mot våldtäkt borde därför rimligen vara fler.

Att antasta någon och/eller komma med sexuella anspelningar kan lätt bortförklaras av den anklagade. Det blir inga synliga märken och inga dna-bevis.

Dessutom sker de flesta sexualbrott, inklusive ofredande, i hemmet av en familjemedlem, en släkting, en pojkvän eller någon annan bekant person, vilket gör svårigheterna att anmäla ändå större. Känslor av skam, rädsla för att inte bli trodd, samt fruktan för konsekvenserna för familjen är i sådana fall mycket starka. Så starka t o m att offret ofta föredrar att tiga och själv tampas med problemet och känslorna inom sig. Hellre det än att anmäla övergreppet och avslöja något för sina anhöriga som kan omkullkasta hela den gemensamma tillvaron. Och där är det ju inte bara barn och ungdomar som är offer utan även vuxna, ja t o m äldre.

Hur många vuxna och äldre kvinnor (eller män) som i själva verket blir utsatta för sexuellt ofredande inom släkten och familjen är omöjligt att veta. Det är också svårt att förutse och skydda sig emot ett sådant brott, då ett ofredande i den kontexten är oväntat och synnerligen försåtlig. Ingen mogen kvinna föreställer sig ju normalt att t ex en svåger, svärfar eller annan släkting ska utsätta henne för sexuella närmanden. Därför är hon öppen och oskyddad i umgänget. Deltar i middagar och fester inom släkten med samma tillit och glädje som alla andra. Kanske tar hon sig ett glas eller två utan att vaka så noga över graden av påverkan, som hon i andra sammanhang, bland främmande människor, ofta anser sig nödsakad att göra. Hon vaktar alltså inte så omsorgsfullt på sitt uppträdande, utan ler och skrattar med de andra, utan tanke på att någon kanske kan få för sig att ta det som en invit. Hon är ju bland närstående.

Men så plötsligt kan ändå en svåger i ett obevakat ögonblick kyssa henne på munnen med en intimitet som hon inte alls är beredd på. Och som överrumplar och tar ifrån henne chansen att hindra honom med den tydlighet hon skulle använda i en annan situation.

Här är ju släkten samlad inklusive systern, hans fru, som med all säkerhet skulle bli väldigt sårad om hon upptäckte hur hennes man beter sig. Alltså går kvinnan undan och hoppas att det räcker som tecken på att hon inte accepterar beteendet. Men mannen kan ha hetsat upp sig och ignorerar att kvinnan inte är med på noterna. Istället börjar han följa efter henne och tar varje tillfälle till en liten kram eller en dold smekning varhelst han kommer åt. Att hon ber honom låta bli bryr han sig inte om och kvinnan vill fortfarande inte basunera ut vad som pågår.

Har hon en partner med sig är hon oftast skyddad mot den här typen av närmanden, men kommer hon ensam blir hon istället många gånger betraktad som fritt villebråd och ett lättfångat byte. Särskilt om det kanske var ett tag sedan hon visade sig med något sällskap. Därför fortsätter jakten tills kvinnan rentav börjar undra över sig själv, om hon sänt felaktiga signaler, betett sig olämpligt etc. Känslan av skuld infinner sig tillsammans med skammen över att inte bli respekterad så att hennes avvisande tas på allvar. Och kanske upptäcker systern i det läget vad som pågår, ger kvinnan skulden och anklagar henne rentav svartsjukt för att vara ute efter mannen. Den ofredade kvinnan som känner sig både förnedrad och skamsen kan inte försvara sig, och mannen kan förneka sin skuld och gå fri, som så ofta även i våldtäktsrättegångar. Någon anmälan och upprättelse för kvinnans del blir det aldrig fråga om. Istället kanske hon förlorar kontakten med systern till nackdel även för andra medlemmar av familjen.

Att ha sex med någon som är drogad, onykter eller medvetslös och inte kan värja sig, är också olagligt och räknas numera som våldtäkt. Lika illa är det som sagt att ge sig på någon som sover. Ändå kan det gå som för en kollega, vars svärson fick för sig att dyka upp i gästrummet hos henne, när alla gått och lagt sig efter en fest. Att hon redan somnat när han satte sig på sängkanten och ville prata brydde han sig inte om. Och den halvvakna kvinnan var fullständigt omedveten om att syftet med besöket kunde vara något annat, tills svärsonens hand plötsligt letade sig in under täcket.

Kvinnan vaknade då till, tog bort handen och bad honom gå därifrån men det hjälpte inte. Och när hon steg upp och gick ut i bostaden följde han efter och gav sig inte, trots att hon provade att både stänga in sig på toaletten och i ett annat rum. Hon blev inte av med honom. Att ropa på hjälp tordes hon inte av rädsla för att såra dottern, och kanhända förstöra både äktenskapet och hennes eget förhållande till barn och barnbarn. Hon visste att mannen var berusad och kanske inte själv riktigt medveten om vad han höll på med. Och hon intalade sig att hennes ålder egentligen borde hindra honom från att vara sexuellt intresserad, men förgäves. Han följde efter henne i bostaden tills hon slutligen ändå måste släppa rädslan för att väcka uppmärksamhet och ryta till ordentligt för att få honom att avlägsna sig.

Ingen i familjen hade den gången märkt något av kampen som pågått under natten, och den ångest och förnedring kollegan kände, parad med oron över vad mannen skulle komma att göra härnäst, blev hennes eget problem. Att anmäla honom för sexuellt ofredande var omöjligt insåg hon. Det skulle bara skada dottern och familjen utan att rätta till någonting. Och ganska säkert skulle han neka eller skylla ifrån sig och därmed ställa sitt ord mot hennes. Vem som i det läget skulle bli mest trodd är svårt att veta, men med tanke på hur illa det kan sluta i våldtäktsrättegångar räknade hon med att oddsen för hennes del var låga. Hon var ju dessutom mycket äldre än mannen och förmodligen skulle man se det som mer sannolikt att det var hon som försökt förföra honom och inte tvärtom. Hon skulle kunna bli betraktad som "ful tant" och förlöjligad inför barn och barnbarn. En anmälan var med andra ord helt utesluten, trots lagar och förordningar mot både sexuellt ofredande och fysiska, såväl som psykiska, övergrepp. Lagar som i själva verket alltså är helt tandlösa när hänsyn till nära och kära blir en avgörande faktor för om anmälan överhuvudtaget görs eller ej.

I fallet med Julien Assange är något hänsynstagande till eventuella närstående inte aktuellt. Hela världen vet redan vad han står anklagad för och hans mor har t o m medverkat och till hans fördel vittnat om vilken snäll och oskyldig gosse han är. Men lagen som kräver att han ställs inför rätta tycks ändå inte ha någon kraft, och frågan är om inte hela fallet till sist kommer att läggas ned trots all uppståndelse. Det har redan pågått länge och kostat enorma summor ekonomiskt med rättegångar, utlämningsförsök och överklaganden, anhängares borgensförbindelser, internetsabbotage mm, till ingen nytta. Och läggs åtalet ned är det tyvärr helt i överensstämmelse med vad som skett och sker i ett oräkneligt antal andra fall där det begåtts både våldtäkter och ofredande av mindre upphaussade personer än Assange.

Den enda tröston i sammanhanget kan vara att Julien Assange genom sin flykt till den Ecuadorianska ambassaden själv stängt alla utvägar för sig. Han kan inte komma därifrån och kan inte heller ta sig till Ecuador där han begärt och fått asyl. Lämnar han ambassaden i London grips han av den engelska polisen. På så sätt är han i princip fängslad tills han går med på att låta sig utlämnas till Sverige. Ett fängelsestraff på obestämd tid med andra ord, som han givit sig själv, inte därför att han anser sig skyldig utan tvärtom för att han betraktar sig som oskyldig.

En varm sommardag.

På Roslagsbanan har de manliga tågförarna kjol för att inte svettas ihjäl i värmen som uppstår i förarhytten när solen ligger på. De har blivit världsberömda i sin manifestation för att få bära shorts till uniformen sommartid och arbetsgivaren Arriva har till sist varit tvungen att ge med sig, så nu är shortsen beställda. Men tydligen dröjer det med tillverkningen av den nya uniformsdelen och därför är det fortfarande kjolen som gäller varma dagar. Så när jag är på väg att stiga av tåget vid Östra station kommer det plötsligt ut en skäggig karl från förarhytten iförd vit skjorta med slips och det kända klädesplagget. Och när han sedan fortsätter framför mig från tåget kan jag konstatera att kjolen sitter riktigt snyggt och ger honom en fint markerad midja och vackert rundade höfter. Den når precis över knäna så att de muskulösa vaderna får fritt spelrum och i det lilla sprundet bak på kjolen kan jag skymta knävecket. Det ger ett sexigt intryck utan att på något vis förta hans manliga utstrålning. En mycket speciell upplevelse.

Senare på dagen återvänder jag hem tillsammans med en annan förare som kommer släntrande i samma mundering. Han är lång och smal och har en snävare och lite längre kjol, så jag frågar honom hur han trivs med lösningen och om han kan ta ut stegen ordentligt. Jo kjolen är luftig och skön försäkrar han, även om spelrummet är lite begränsat vad gäller att ta ett stort steg och att klättra upp och ned på bangården, lägger han till och demonstrerar. Och vi konstaterar gemensamt att det kvinnliga klädes-plagget trots allt inskränker en del på friheten. Men att få luft kring de ädlare delarna är naturligtvis en viktig prioritet tänker jag och erinrar mig debatten för några år sedan om kalsongerna med den så kallade y-fronten. Någon forskare hade då kommit fram till att det dubbla lagret tyg och de kraftiga sömmarna som designen gav upphov till var alldeles för tjockt och ledde till en alltför hög värmeutveckling kring kroppsdelarna som fanns under den snitsigt utformade fronten. Värmen kunde i sin tur orsaka sterilitet hos de män som bar kalsongerna försäkrade man, och efter en tid var det inte längre många som tordes använda dem och utsätta sig för risken. Och kanske löper förarna på Roslagsbanan samma fara för hälsan om de inte får klä sig lite luftigt. Därmed skulle måhända återväxten av personal äventyras och den risken kan väl inte arbetsgivaren ta!

Konduktören som rör sig ute i tågvagnarna där det är lite svalare, har emellertid vanliga långbyxor och känner antagligen inte till debatten kring y-fronten. Dessutom säger han sig sakna kollegornas mod att byta ut byxorna mot kjol. Han är ändå full av beundran för dem som vågar försäkrar han, och för att de därigenom fått arbetsgivaren att tänka om. Frågan är väl bara om shortsen hinner komma innan vintern är här igen. Allt tycks ju ta sin tid vad gäller utrustning på de här tågen. Sålunda kan man sedan en tid tillbaka inte aktivera sina biljetter om man använder det så kallade reskassekortet, därför att konduktörerna ännu inte fått de kortläsare som behövs för detta. De läsare som fanns tidigare visade sig nämligen vara så tunga att de gav upphov till yrkesskador i armarna och axlarna hos personalen och ska därför ersättas med en läsare som kan sitta fast runt midjan. Men det är med den som med shortsen verkar det...leveransen dröjer.

Vad man kan konstatera är ändå att de som arbetar på Roslagsbanan är både aktiva och modiga nog att jobba för bättre arbetsförhållanden på flera fronter, vilket också blir till fördel även för passagerarna. På det här viset är samtalsämnena fler och resan trevligare. Dessutom blir den billigare utan kortläsaren, vilket inte heller är någon nackdel.

Och apropå samtalsämnen försökte jag senare via Internet få fram hur det gick med forskningen på y-frontskalsongerna, men hamnade istället på en chattsida där modellen ivrigt diskuterades. Det samtalet handlade inte om risken för sterilitet, utan snarare om vad tyglagren och öppningen mellan dom egentligen var till för. Några av chattarna ifrågasatte starkt möjligheten att lirka fram någonting genom den där kanalliknande passagen som skulle fungera som gylf. Så kanske är tågförarnas övergång till kjol en bra lösning även ur andra synpunkter än värmen.

Mullback och subjektiviteten.

Den CP-skadade Lars Mullback är regissören, filmmakaren och författaren som vid 34 års ålder kom i kontakt med Move and Walk-skolan i Budapest och upptäckte att hans kropp förmår mycket mer än vad experter på CP-skador velat medge tidigare i hans liv. Han gjorde en film om sin träning i Budapest där man kan följa hur han undan för undan får hjälp med att träna upp förmågan att röra armar och ben, gå, äta och sköta sig själv efter att tills dess varit omgiven av assistenter som gjort allt åt honom. Filmen visades i TV och utsågs till Europas bästa TV-dokumentär 1996.

I filmen visar Lars Mullback också att han känner sig lurad av den vårdapparat han dittills varit i kontakt med. Lurad och sviken på en del av livet och den upplevelsen vänder han mot dem han anser ha lurat honom. Och han lurar i sin tur sina tidigare sjukgymnaster och terapeuter att inför kameran tappa hakan och se dumma ut, då de ställs inför Mullbacks framsteg och tvingas inse att det de själva tror på kanske inte stämmer. Att Mullback är bitter och vill ge igen är förståeligt och förlåtligt. Men det är beklagligt för den subjektiva ansatsen ger hans film en provocerande framtoning som i viss mån skymmer det viktiga budskapet. Filmmediet blir ett lika diskriminerande redskap som hjälpmedlen för handikappade han själv ställts inför. Framgångsrika verktyg för någon som kan behärska dem och skoningslösa i sin bekräftelse på andras tillkortakommanden.

Sålunda använder Mullback filmen för att övertyga oss om riktigheten i det han själv är ett exempel på. Nämligen att gravt CP-skadade kan utvecklas längre än man tror med hjälp av den ungerska Petö-skolans

Konduktiva pedagogik, utarbetad av läkaren Andras Petö redan på 50-talet. Och Mullback övertygar med fina bilder fyllda av värme och ljus i en film där även de hårda träningspassen med Eszter Totne Horváth på Move and Walk-skolan präglas av sensuell mjukhet parad med en övertygad tro på det möjliga, även när det förefaller omöjligt. En kombination som gjort även garvade reportrar lyriska i sin presentation av filmen. Alltsammans inramat av glimtar från ett soligt, vackert och levnadsglatt Budapest. En kick i sig.

Mot detta ställer han så de svenska experterna i vita rockar och spartanskt kliniska miljöer. Auktoriteter stelt uppradade i ofördelaktiga kameravinklar. Hos dem får inget mjukt solljus kinden att påminna om en fjunig och len persika som hos Eszter Totne Horváth i Budapest. Nej, istället sitter terapeuter och sjukgymnaster samlade runt ett bord i stram och viktig pösighet. Och här förekommer inte några uppmuntrande uttalanden som "Jo du kan" Här handlar det om motsatsen, d v s du kan inte och aldrig, och det är bäst att inse begränsningarna för att lättare acceptera och bättre kunna leva med situationen. Inget tal om att låta kroppen lära hjärnan det hjärnan inte förmår signalera till kroppen som på Move and Walk-skolan. Nej, komplicerade tekniska hjälpmedel är det som gäller och assistenter som kan mata, duscha och klä på.

Och visst skildrar Mullback i sin film olika habiliteringsmetoder och konsekvenserna förknippade med dem. Men det han egentligen visar upp är skilda förhållningssätt, olika kulturer. Ty bakom den ungerska metoden ligger föreställningen om människans vilja att bejaka livet och en tro på egen förmåga och kreativitet. Där gäller först och främst att prova möjligheterna och låta eftertanken komma sedan. Hos oss gör vi gärna tvärtom och låter begränsningarna överskugga det tänkbara. Vill inte förhäva oss - tro att vi är någonting. Garderar istället med rationalitet. Och hellre än att motivera till omfattande kraftansträngningar och ställa krav på insatser, säger vi att det aldrig kommer att gå. En antihandling som i själva verket bottnar i omtanke och rädsla för konsekvenser som bakslag och besvikelser. Känslor vi inte har något bra medel att hantera i vår tillvaro där idealet är att vara lagom. Medel som finns i andra kulturer där inte ordet *lagom* finns och där man ibland kan uppmuntras att lyfta sig själv i håret och bli en ny människa. Som Lars Mullback.

Nog vore det fint om vi kunde tillägna oss lite av den där tron på egen förmåga och våga vara mindre försiktiga och rädda för bakslag. Då skulle kanske inte Mullbacks besvikelse på våra experter ha behövt förbytas i en bitterhet där de positiva framstegen han gjort i Budapest förvandlades till ett utfall mot den yrkeskår han så gärna ville få på andra tankar. Och istället för att provocera till låsta försvarsställningar och uppbragt motstånd, skulle det kanske ha kunnat bli ett fruktbart utbyte mellan olika synsätt och skiftande arbetsmetoder, till nytta för oss alla. Alternativet blev nu istället att Socialstyrelsen förklarade den Konduktiva pedagogiken för kvacksalveri och totalförbjöd den i Sverige. Först efter omfattande demonstrationer av föräldrar med CP-skadade barn hävdes förbudet, och så småningom har fem privata Move and Walkskolor byggts upp i landet där man tillämpar metoden. Till stor del ett resultat av den kamp Lars Mullback drivit tillsammans med nobelpristagaren Arvid Carlsson, som tagit strid mot forskarsamhället för den konduktiva pedagogiken. Dock är det nu väldigt olika vilka som kan få bidrag till kostnaden för att låta sina barn genomgå träning på de befintliga skolorna och vilka som får betala allting själva. Och i den offentliga vården saknas pedagogiken fortfarande.

Kroppen och den biologiska processen.

Nyligen var det den årliga donationsdagen och vi uppmanades att bestämma oss för att donera våra organ efter döden, med uppropet att fler än någonsin väntar på en ny kroppsdel. Och återigen kom jag att tänka på tveksamheten och motståndet när den nya donationslagen inrättades på 90-talet och diskussionerna i samband med det.

Lars H Gustafsson, själv läkare och författare skrev då en väldigt fin krönika om vikten av att först vårda döden innan organen doneras. Något som fick dåvarande överdirektören för socialstyrelsen, och ansvarig för donationskampanjen Nina Renqvist att i sin tur publicera ett svar. Hon menade att orsaken till att den nya transplantationslagen var så provocerande för många låg i den moderna människans ovilja att tänka på döden eller döendet. Och hon underströk att döendet ”ett upphörande av liv” är en naturlig biologisk process.

Det låg något väldigt paradoxalt i det som Renqvist skrev, för om döendet är en naturlig biologisk process som vi bör kunna tala om och underförstått också acceptera, uppstår genast frågan varför vi i så fall ska donera våra organ till transplantationer. Är inte avsikten med donation just att i vissa lägen förhindra döden hos dem som blir mottagare av dessa organ och bottnar inte utvecklingen av transplantationstekniken just i en ovilja att acceptera döden?

Precis den här paradoxen tror jag gör hela frågan om donation eller ej, så svår att besvara för många av oss. Beslutet innebär ju inte enbart ett ställningstagande till donationen som sådan, utan till hela frågan om behandlingsmetoder och prioriteringar. Jag föreställer mig att många i likhet med mig känner en kluvenhet inför det faktum att den rika delen av världen i kampen för överlevnad, förfogar över så otroligt sofistikerade medel som bl a transplantationer. Och detta samtidigt som befolkningen i stora delar av världen inte har tillgång till den mest grundläggande vård i samband med sjukdom. Att jag genom att donera mina organ bidrar till denna orättvisa fördelning av tillgången på livschanser, gör beslutet omöjligt att fatta även om humanisten i mig utan tvekan vill medverka till att förhindra mänskligt lidande. Frågan är ju bara hur avgränsad denna medverkan i så fall ska få vara. Resurserna som satsas i den transplantation där mitt organ eventuellt kan komma till användning för att motverka en enda människas lidande, kanske motsvarar vad som krävs för att upprätthålla en acceptabel grundsjukvård för en hel region i exempelvis Zambia där jag av egen erfarenhet vet hur bristen ser ut.

En annan svårighet i beslutsfattandet utgör den människosyn som behandlingsmetoden i sig förutsätter, nämligen bilden av människan som en mekanism bestående av utbytbara delar. Även om transplantation sedan bra många år är en etablerad behandling inom sjukvården, vilket Renqvist också påpekar, är den inte oproblematisk för gemene man. Och att betrakta sina anhöriga och sig själv som vandrande reservdelsförpackningar är inte helt lätt och leder gärna till en känsla av overklighet. Just nu har det också mindre betydelse att det i de flesta fall, då en människa dör, över huvud taget inte kommer att bli aktuellt med donation, vilket ytterligare framhålls av Renqvist. Beslutet måste ju ändå fattas som om frågan faktiskt kommer att uppstå.

Problemet är med andra ord mångfasetterat och att acceptera döden som en naturlig biologisk process samtidigt som man beslutar medverka till att förhindra den, är bara en av paradoxerna. Frågan är ju vem som i så fall ska besluta om var denna naturliga biologiska process ändå ska fortgå och hur länge, och kanske framförallt varför, när den nu uppenbarligen går att hejda?

Kontraster.

Härom morgonen tog jag bussen till Danderyds sjukhus där jag skulle genomgå en s k hjärtscintigrafi. Detta på grund av en krampattack i bröstkorgen för några veckor sedan då jag blev fraktad i ambulans till hjärtavdelningen på sjukhuset, och under några dagar var satt under observation för misstänkt hjärtinfarkt. En obehaglig upplevelse som dock slutade med att misstanken avskrevs och jag fick lämna sjukhuset med en remiss till hjärtundersökningen för säkerhets skull.

Inte för att vistelsen på hjärtavdelningen var särskilt obehaglig, mer än under den första nattens ständiga provtagningar av diverse ljud och substanser i min kropp, parad med svårigheten att hitta en sovställning bland de kranar och sladdar som applicerats för ändamålet. De följande dagarna var tvärtom riktigt trevliga då jag i sällskap med de andra patienterna på avdelningen hasade omkring i nattsärken, tryggt EKG-övervakad med hjälp av sladdar sinnrikt kopplade till alla möjliga kroppsdelar under särken, och samlade i en trasslig härva ansluten till en dosa som på de flesta av oss hängde i en kondomliknande påse precis under magen. På herrarna gav detta osökt ett intryck av att de försetts med ett extra organ av det intima slaget, som oundvikligen ledde till en del humoristiska kommentarer.

Emellertid var det nu dags för hjärtundersökningen vars kallelse dröjt så länge att anledningen nästan var bortglömd. Det gjorde väntan vid busshållplatsen i höstlig snålblåst mer motvillig än vanligt, eftersom jag dessutom tvingats avstå från morgonkaffet för att inga kemiska substanser skulle påverka undersökningen.

Hur som helst, till sist kom ändå bussen och när dörrarna öppnades strömmade musik ut av ett så varmt och livligt slag som om den kom från en annan planet. Det var rytmiska toner från Balkanländerna som formligen fick hela bussen att dansa. Bakom ratten satt en liten gubbe i stickad luva och långt grått skägg som påminde om de män som brukar sitta på ljugarbänken vid torget i någon grekisk by. Han plirade med mörkbruna ögon på mitt förvånade och glatt överraskade ansikte, stämplade biljettremsan och körde sedan iväg, uppenbarligen mycket nöjd med musikunderhållningen han hade rattat in på radion. Och medan instrumentens ornamenteringar och sångarens vibraton fyllde bussen, for vi fram mellan fälten vid Täby Kyrkby och Gribbelund, där höstdimman plötsligt förvandlades till soldis över en grekisk ö och färden blev en utflykt till något antikt tempel för sightseeing.

Nåväl, alla resor tar slut förr eller senare, och templet visade sig i det här fallet inte vara något annat än Danderyds sjukhus där den vanliga proceduren med att uppge namn och födelsenummer tog vid i receptionen på avdelningen för nuclearmedicinsk röntgen. Inga balkantoner där inte utan en kall steril lokal där jag sedan låg halvnaken o huttrande på en brits, alltmedan en sköterska återigen applicerade sladdar till EKG, manschett för blodtrycksmätning och en kran i armvecket där en radioaktiv vätska skulle sprutas in. Detta alltmedan hon förklarade hela proceduren för mig med mycket hög stämma, förmodligen för att hon tror alla i min ålder hör dåligt. Sedan fick jag sätta mig på en cykel och trampa tills tungan hängde likt ett torrt läskpapper ur munnen, samtidigt som jag skulle svara på hur ansträngande det hela var på en skala från 1-15, plus hur ont det eventuellt gjorde i hjärtat på en annan skala. Under tiden följdes hjärtfrekvensen och pulsen upp på en dataskärm och till sist sprutades den berömda vätskan in i venerna.

Efter det blev jag utkörd i sjukhuskorridoren för att promenera i 10 minuter och sedan var det dags för röntgen av mina nu självlysande kranskärl och andra inre organ. En kvart stilla på rygg i den rullande burkliknande röntgenapparaten som omslöt min bröstkorg och 6 minuter stilla på mage. Så gott det nu gick att inte skaka av köld i den kalla lokalen. Sen var det hela över och jag fick gå hem.

Bussen tillbaka kördes av en vanlig, halvsur chaufför som inte lyssnade på någon musik alls.

Tuppkam och skönhet.

Hör på radio att det som sprutas in vid läppförstoring, den s k fillingprodukten, kommer från tuppkammar. Följaktligen föder man upp en massa tuppar enbart för det ändamålet, enligt en undersökning Sveriges Radios Kaliber gjort. När tupparna blivit vuxna, omkring 28 veckor gamla, och kammen slagit rot som en stolt krona på hjässan, blir den helt sonika borttagen och överförd till skönhetsindustrin. Den stackars stympade kroppen mals ner och går bland annat till biogas.

För min del trodde jag det eventuellt var någon sorts fisk som fått släppa till för att läpparna ska kunna förstoras på dem som så önskar. I varje fall ser, i mina ögon, vissa förstorade ut som nyfiskade abborrar på torra land, kippande efter vatten. Fast de förstorade människomunnar man brukar se ute på stans lokaler, kippar nog mer efter något annat.

En tanke som onekligen dyker upp i sammanhanget är att den där insprutade tuppkamsgenen (eller vad det nu är) skulle börja vandra i kroppen. Nog skulle den då kunna ställa till med både det ena och det andra. I bästa fall kunde den förstås utvecklas till en röd liten krona uppe på huvudskulten. En helt naturlig hårdekoration i stället för rosetter och spännen. Det vore naturligtvis praktiskt.

Eller varför inte ett par nya öron med vackert krusade röda kanter. De utväxter vi har är ju rätt tråkiga och måste då och då piggas upp med hängen av olika slag.

Men genen skulle ju också kunna vandra i motsatt riktning och förvandlas till något mer i stil med den signal av manlig potens som var tuppkammens ursprungliga uppgift. En association man lätt får då BBC World Update rapporterar om Kalibers undersökning av ”the cocks”. Och kanske vore det inte lika kul om den insprutade produkten, istället för att ge fylliga vackra läppar, utvecklades till en mer *cocky* utsmyckning på en helt annan del av kroppen.

Tankar där bara fantasin sätter gränsen, och som borde avskräcka de flesta från skönhetsexperiment, om nu inte omvittnat misslyckade resultat, och den bakomliggande, tvivelaktiga djurhanteringen gör det.

Kroppen och Minnet.

För några år sedan hade jag en upplevelse som på allvar fick mig att börja fundera över människans minne och var det egentligen håller hus. Sitter det i kroppen eller i själen undrade jag den gången då vårens första värme lockat ut mig i solen på balkongen. Året innan hade jag fallit för frestelsen att inhandla en Baden-Badenstol som blivit uppriggad efter vinterdvalan. Ett slags stol jag egentligen aldrig gillat, utan tyckte var ful på ett pösigt och svulstigt storblommigt vis. Den representerade en livsstil som inte riktigt var min; badortsliv, sysslolöshet, dyrt och överklassigt. Jag föredrog tält och stormkök, äventyr för små resurser. Men man blir äldre och det blir svårare att krypa in och ut ur låga bivacktält. Dessutom hade priserna på Baden-Baden sjunkit och den symboliska laddningen av snobbighet därmed reducerats. Därtill var stolmodellen faktiskt väldigt bekväm vilket till sist fått mig att tolerera den.

Ändå blev njutningen inte odelad. Liggställningen väckte minnen som ledde tankarna till sonen och tiden för längesedan då han hade ont i ryggen och låg och kved av smärta. Han brukade palla upp sig med kuddar i ungefär den ställning jag intog i stolen och någon nämnde Baden-Baden som en utväg till lättnad. Ett minne som plötsligt blir så starkt att jag förväxlar hans kropp med min och känner trycket av stolsdynan mot bäckenbenet i hans smärtfyllda korsrygg. Upplevelsen är så stark att jag måste resa mig ur stolen och sedan tvekar att sätta mig igen. Istället börjar jag fundera över minnets placering och funktion hos oss människor.

Forskarna säger ju att kroppen och själen hör ihop och frågan jag ställde mig den gången var om vi också har ett kroppsligt och ett själsligt minne kopplade till varandra. Ett skivminne och ett primärminne likt datorerna, eller RAM-minne som det också kallas. Hos människan skulle detta då måhända vara ett verkligt "ramminne" som sitter i de yttre kroppsdelarna, lättillgängligt och snabbassocierande. Ett signalsystem som anropar själen djupt där inne och öppnar hågkomster vilka stoppats undan så långt in i glömskans och förträngningens mappar som bara möjligt. På samma sätt som förnimmelsen av ett hot startar kroppens adrenalinproduktion, skulle då alltså en kroppsställning kunna väcka minnesbilder och känslor som omvandlar själens gömda smärta till en verklig fysisk upplevelse.

En typ av frågor som man numera kan säga kommit lite närmare sin lösning efter att undersökningar av s k motoriskt agerande kontra emotionellt minne utförts. Och som bland annat presenteras av två nederländska forskare, Daniel Casasanto och Katinka Dijkstra, i en kort artikel man kan läsa på Internet: *Motor action and emotional memory* där de redogör för antagandet att minnet är relaterat till rörelser vi gör med kroppen. En slutsats de bl a kommit fram till genom experiment där försökspersoner fick berätta minnen samtidigt som de flyttade kulor uppåt eller neråt mellan två lådor. Enligt forskarna var de relaterade minnena av mer positiv karaktär om personerna flyttade kulorna nerifrån och uppåt till den övre lådan, än om de flyttade kulor uppifrån och ner till den lägre.

Detta forskningsområde av minne kontra kropp, har utvecklats främst kanske inom cognitiv vetenskap och filosofi och har bl a annat beskrivits av Lawrence Shapiro i boken *Embodied cognition*. Och att inte bara våra kroppar reagerar på fysisk stimulans av olika slag utan att även känslor och intellekt påverkas och så att säga "embody", eller med ett svenskt ord, förkroppsligar upplevelser och händelser är många forskare numera överens om. Ett steg vidare på vägen från den hjärnforskning som i hög grad fokuserat på att kartlägga vilka delar av hjärnan som aktiveras vid olika typer av yttre påverkan.

Mina enkla spekulationer ovan om människans skivminne och primärminne är därför inte så långsökta som de kunde verka för ett antal år sedan. Däremot vill jag påstå att den forskning som senare bedrivits på området, är betydligt mer komplicerad och svår att förstå än mina tankegångar. Att vissa undersökningar överensstämmer med antagandet att kroppens position kan återkalla minnen, om personen ifråga vid ett senare tillfälle intar en liknande ställning, har dock visat sig stämma även i andra undersökningar som gjorts av Katinka Dijskra, tillsammans med, M. P. Kaschak & R.A. Zwan vid Florida State University. De kom också fram till att det självbiografiska minnet fungerade snabbare och bättre om personen ifråga intog en mer exakt överensstämmande kroppsställning som vid den händelse som skulle relateras.

Andra undersökningar publicerade bland annat i *Psychological Science*, påstås visa att försökspersoner lutar sig framåt när de talar om sin framtid och konsekvent lutar bakåt när de minns det förflutna. Det relaterade minnet har i det fallet inverkan på kroppsställningen i stället för tvärtom. Omvänt skulle i stället minnet enligt andra försök påverkas av om en person ler och sitter i en upprätt ställning, då lycka och framgång framträder mer i de relaterade erfarenheterna, jämfört med om personen ser allvarlig ut och hänger som en hösäck i stolen. De återgivna reflektionerna antas då följa samma positiva eller negativa mönster som kroppsställningen uttrycker. Något man väl kan invända förutsätter att leende eller allvarliga uttryck har samma positiva respektive negativa värdeladdning hos försökspersonerna som forskarna förutsätter. Liknande invändningar kan man också göra beträffande slutsatser om minnen kopplade till att en person rör sig i riktning åt höger eller åt vänster, beroende på att höger och vänster värderas olika. Här kan man då kanske också spekulera över skillnaden mellan vänsterhäntas och högerhäntas associationer och minnen, likasom vid andra skillnader i kroppsfunktioner och/eller utrustning. Att röra armarna ut från, respektive in mot kroppen skulle också ge positiva eller negativa resultat enligt den här teorin. Och där kommer jag osökt att tänka på egna erfarenheter från en tid som arbetsterapeut och verksamheten med bl a halvsidesförlamade patienter, som ofta bortsåg från, eller helt enkelt glömde den förlamade sidan av sin kropp. Frågan blir i det sammanhanget onekligen hur en sådan förändring påverkar minnesfunktionen enligt de här teserna.

Slutsatsen av allt detta är i vilket fall som helst att det inte bara är hjärnan, eller själen om man så vill, som bearbetar och minns information och upplevelser utan att hela kroppen deltar. Eller som Nils B. Jostman vid Amsterdams Universitet uttrycker det ”We use every system available to us to come to a conclusion and make sens of what´s going on”. Ytterligare en övertygad forskare på området Embodied Cognition. Och det påståendet besvarar kanske frågan om hur pass relevant för de här teorierna upplevelsen i Baden Baden-stolen jag beskrev ovan egentligen kan vara. Det var ju inte min egen kropp som ursprungligen kände av smärtan jag mindes, utan sonens. Men det kan kanske tillskrivas en förälders förmåga att använda ”every system available” för att leva sig in i sitt barns situation. Ett intressant område även det och som, vad beträffar inlevelse, kanske tangerar något av den forskning Elisabeth Loftus vid University of California gjort om hur våra hjärnor egentligen skapar minnen, och framförallt frågan om hur pass stabila de är. Hon har nämligen kommit fram till att minnen inte alls är så stabila som vi tror och att de kan påverkas och förändras varje gång vi tar fram dem. Något som hon påvisat i flera undersökningar av t ex vittnesmål kring olyckshändelser eller förmågan att identifiera en eventuell brottsling.

Anledningen till att ett minne skulle kunna påverkas är att det under ett ögonblick, då vi plockar fram det ur någon fil långt där inne, blir instabilt, kan bearbetas och förändras. Det kan ske genom att någon annan lägger fram påståenden, bilder och annan typ av manipulation om händelsen samtidigt som personen ifråga återkallar minnet av den. Något som då enligt de försök Elisabeth Loftus gjort i sin forskning till sist blir en del av det ursprungliga minnet och förvandlar det. Detta skulle alltså kunna förklara varför vittnesmål efter t ex DNA-test ibland visar sig felaktiga, trots att vittnet varit helt övertygad om riktigheten i sina uppgifter.

Eftersom minnen är uppbyggda av protein kan de också påverkas på kemisk väg med hjälp av mediciner som hindrar att minnesproteinet bildas. Det skulle i sin tur kunna användas för att hjälpa personer med post-traumatiska stresskador, något som forskaren Karim Nader vid McGills Universitet i Montreal lagt ner en hel del forskning på. Försök man gjort på patienter med posttraumatisk stress har visat att 70-80 procent kunde botas från sina symtom. Det skedde på så sätt att man bad patienterna tänka på sitt mest traumatiska minne samtidigt som man gav dem en medicin som hindrar minnesprotein att bildas. Resultatet blev att det ursprungliga minnet försvagades. Om en sådan effekt verkligen är möjligt skulle det naturligtvis kunna underlätta livet för många människor vars tillvaro domineras av hemska minnen och mardrömmar. Men det här är också något som skapar en viss oro för utvecklingen då man befarar att kunskaperna också skulle kunna leda till minneskontroll och ett sätt att manipulera människor genom att framkalla falska minnen hos dem.

Därmed har vi kommit ganska långt på vägen till en tänkbar förklaring på det fenomen som ursprungligen startade de här funderingarna. Om vi i och med det blivit säkrare på hur det förhåller sig med minnet och var det egentligen håller till; i kroppen eller själen, vet jag inte. Men att det inte skulle vara omöjligt att överta någon annans reminiscens av smärta kan man ändå påstå att en del forskning ger prov på. Och då måste man kanske också förutom minnesforskningen, till sist särskilt betona de relativt nyligen upptäckta spegelneuronerna i hjärnan. Dessa neuroner anses ha stor betydelse för vår förmåga att känna empati och att identifiera oss med andras upplevelser. Och att vi med hjälp av dem rent fysiskt kan känna något som vi ser hända andra, menar sig forskaren Christian Keysers vid det Holländska Universitetet i Groningen ha påvisat med sina uppseendeväckande försök på området.

Med detta blir slutsatsen att det nog inte alls är något konstigt eller omöjligt om en förälders engagemang i sitt barns lidande blir så starkt att det medför känslan av egen smärta som lever kvar i minnet. Inte heller att minnet och känslan därefter kan återkallas en vårdag på en balkong, trots att tiden upplevelsen bottnar i länge sedan är förbi. Till sist blev ju sonen av med värken när orsaken kunde lokaliseras och avlägsnas och någon Baden-Badenstol blev det inte den gången. Och ändå, när jag känner hur behagligt kroppen ändå kan vila i det där pösiga fenomenet på balkongen, önskar jag innerligt att den olyckliga 25-åringen i det förgångna kunde överta min sköna, bekväma stol.

Den mexikanska hängmattan.

En av de första varma dagarna i början av sommaren bestämmer jag mig för att äntligen montera upp min vackra hängmatta från Mexiko. Den har legat i förrådet bredvid terrassen i några år nu och det är dags att ge den en plats där den med sina vackra färger, kan komma bättre till sin rätt. För det var just de starka fina färgerna som gjorde att jag en gång köpte den på en strand vid Stilla Havet i Zihuatanejo. En liten trivsam by där jag tillbringade några vinterveckor långt från snö och kyla, tillsammans med en vän från Kanada.

Det var egentligen inte någon strålande idé den gången att köpa en hängmatta som även i hoprullat skick, blev nästan lika stor som det minimala bagage jag hade kommit med. Målsättningen hade nämligen varit att ha så lite som möjligt att bära och hålla reda på, när vi med olika busstransporter reste runt från Mexiko city ned till kusten. Och återresan skulle jag dessutom företa ensam med mitt bagage vilket inte gjorde saken bättre. Vännen som var pensionär, avskydde vintern och hade bestämt sig för att stanna vid Stilla Havet och återvända till Kanada först när våren fått snön att smälta i Montreal. Men hängmattan var som sagt vacker och fick alltså följa med på nattbussen tillbaka till Mexiko city, och sedan besöka Palacio Nacional där jag beundrade Diego Riveras fantastiska fresker, samt hans och Frida Karlos hus och ateljéer i Coyoacán, när vi kom fram. Då jag dagen därpå med hjälp av tunnelbana och allmän kommunikation från, en lindrigt sagt rörig bussterminal i Mexico Citys norra utkant, tog mig till pyramiderna i Teotihuacán, väntade dock hängmattan tillsammans med övrigt bagage i foajén på ett litet hotell, tills det var dags att åka till flygplatsen för vidare färd till Sverige.

Nu befinner den sig sålunda sedan en tid här i landet och har rest vidare på några flyttlass tills den slutligen hamnat i en radhusträdgård, där det alltså var dags att hänga upp den. Och för att det i sin tur skulle fungera lyckades jag leta fram och montera en kraftig krok, som egentligen varit avsedd för någonting annat, men nu fick sig tilldelad en perfekt funktion och placering i förrådsväggen. Den andra änden av hängmattan gick det utmärkt att angöra runt en stolpe i planket mellan grannens och mitt hus, och vips hängde mattan där i sin fulla prakt och lyste färgstark i den färska grönskan.

Att lägga sig i en hängmatta är emellertid inte helt lätt och kräver en viss teknik, så därför tog det några dagar innan jag försökte. Jag hade visserligen provat på det förr och dessutom hade jag för säkerhets skull satt upp den väldigt lågt. Ändå drog jag mig för äventyret och gick istället mest runt och njöt av färgprakten mattan spred tillsammans med de återuppväckta minnena från resan då jag köpte den. När jag till sist ändå samlade mod och försiktigt sänkte mig ned i det färgstarka nätet, visade det sig att den försummade hängmattan inte längre hade någon komfort att erbjuda. Istället för att låta mig landa i den behagliga liggställning jag väntade mig, vidgade sig maskorna sakta men säkert och jag sjönk långsamt nedåt med ändan före och landade till sist stadigt i gräset, medan armarna och benen fortfarande hängde kvar utanför sidorna på mattan.

Det tog ett tag att befria sig ur de trasiga och trassliga resterna av den en gång så praktfulla hängmattan och efteråt kunde jag bara beklaga att jag väntat så länge med att låta den komma på plats. Färgerna är dock fortfarande lika fina där den nu återigen ligger i förrådet. Och trots sitt sorgliga tillstånd lyser den tillsammans med minnena den bär med sig, fortfarande upp tillvaron och gläder sinnet. På kroken i förrådsväggen, hänger istället en matta från Jula. I den kan man ligga och iaktta hur sommarens skyar drar förbi och njuta alldeles förträffligt, även om den inte på långa vägar är så fin som en hängmatta från Mexiko.

Landshövdingesoppa.

Häromdagen ringde en gammal skolkamrat jag inte sett eller pratat med på 60 år. Man planerade en återträff i vår folkskoleklass och han ville höra om jag var intresserad. Det var oväntat och jag drog på svaret. Är inte så positiv till sån där träffar som jag ofta tycker är både pinsamma och sorgliga då man står där ansikte mot ansikte, hopfösta i någon lokal som i värsta fall är den gamla skolan, och ska försöka känna igen pojkar och flickor från förr, bland grånade gubbar och gummor. Sammankomster som påminner om dragspelsträffar på pensionärshem. Så jag drog som sagt på svaret och vi började prata om annat i stället.

Det blev ett långt och trevligt samtal där vi informerade varandra om hur livet farit fram med oss. Vad vi hade uppnått och vad vi misslyckats med. Hur den gamla kroppen fungerade och vad som gav oss krämpor. Och efter ett par timmars samtal lovade jag att fundera på återträffen och kamraten skulle i sin tur återkomma om hur planeringen fortskred. Därmed var tankarna igång och minnena började spöka.

Och undan för undan reste de sig ur askan, de gamla klasskamraterna. Inte som fågel Fenix precis, utan som de 40-talsungar vi var, lite lortiga och okammade, flickorna i klänning med förkläde och pojkarna i golfbyxor och rutiga slipovers. Skolgården trädde fram, dammig av gruset pojkarna rörde upp när de sparkade fotboll, eller bara for runt i största allmänhet bland flickorna som hoppade hage eller spelade vippan. Ett poängspel som gick ut på att man med hjälp av en lång pinne och olika trix, sprätte iväg en kortare pinne från en grop som gjorts i marken. Sedan var det upp till motspelaren att fånga pinnen och kasta den tillbaka mot gropen så pricksäkert som möjligt för att slå ut spelaren. Vippan kunde spelas av två personer eller flera uppdelade på två lag, så där hände det ibland att även pojkarna var med. Att bolla med två eller flera bollar mot en vägg var däremot en typisk tjejkonst. För min del var jag inte någon stjärna och klarade högst 2-3 bollar samtidigt, medan det fanns kamrater som jonglerade med upp till 5-6 bollar och dessutom lyckades slänga dom både bakom ryggen och under ena benet utan att tappa kontrollen. Grabbarna deltog i regel inte i den typen av lek annat än genom att rusa förbi och snappa åt sig någon boll eller på annat sätt sabotera det hela. Ja, efter vad jag minns var grabbarna ett evigt gissel på den tiden. De kunde gadda ihop sig och knuffa och trakassera någon av oss tills enda utvägen blev att rusa ner på tjejtoaletten. Dit vågade de sig konstigt nog inte, antagligen för att vakthavande lärare kanske hade ett extra skarpt öga riktat åt det hållet.

Särskilt bra på att skrämmas var de stora pojkarna i de högre klasserna. Deras klassrum låg i en annan del av skolhuset med en egen ingång där de alltid bråkade och knuffade sig in efter rasterna. Ett område man väldigt noga undvek också för att där fanns den skräckinjagande ”Gumsen”. Varför han kallades så vet jag egentligen inte, men värmlänningar har i allmänhet ett särskilt tycke för att sätta öknamn på varandra utan någon riktig förklaring. Inte är det heller direkt illa menat. Emellertid var det i det här fallet en grabb väldigt pigg på att slåss med de andra pojkarna och att knuffa och skrämma flickorna så snart han kom åt. Råkade man t ex cykla förbi honom vid något tillfälle då man inte varit tillräckligt observant för att ta en omväg och undvika faran, kunde man ge sig sjutton på att han sög tag i pakethållaren och höll fast tills man skrek och grät för att bli fri.

”Gumsen” hade en yngre bror som kallades ”Lill-Gumsen” och gick i vår klass. Han var inte riktigt lika bråkig, men ändå tillräckligt för att vi tjejer skulle vara lite rädda för honom, och framförallt irriterade på hans angrepp som ofta gick ut på att sno åt sig en boll eller en mössa, eller ta någons skolväska och kasta iväg någonstans. Det gick så långt att vi till sist bestämde oss för att gemensamt ta och ge honom en ordentlig omgång för att få slut på eländet, och det lyckades vi också med. Inte för att jag vet riktigt hur det gick till när vi i samlad tropp fångade in och höll fast honom alltmedan vi kittlade och knuffade runt honom i största allmänhet. Men han hade en chokladkola i munnen minns jag, antagligen en ”Mjölkchoko”, som någon av tjejerna kanske fått släppa till och som blev den utlösande faktorn. Såvitt jag vet var det inga hårda tag vi serverade och jag kommer mest bara ihåg hur smält choklad från den eftertraktade kolan rann i rännilar nerför hakan på honom, när han ömsom skrattade och skrek av förvåning över vår attack. Hur vi klarade oss ifrån att hans bror blandade sig i vet jag inte, men efter den historien var vi så styrkta i vår kvinnokraft att storebrorsan kanske också såg det säkrast att lämna oss ifred.

Skolgången var med andra ord förenad med prövningar som sträckte sig längre än till multiplikationstabellen på 40-talet. För min del hade jag till råga på allt tjatat mig till att få börja ett år tidigare än vad som var brukligt, och de första skolåren minns jag som en enda räcka av misslyckanden tillsammans med upplevelsen att inte riktigt duga på grund av det där felaktiga födelseåret. Så småningom lättade det dock när jag började göra succé genom att sjunga populära jazziga sånger som jag ackompanjerade på tramporgeln i klassrummet. Det var sånger jag ofta lärt mig av min flera år äldre storasyster och vars texter jag inte alltid förstod, vilket skulle visa sig ödesdigert när vi så småningom fick en ny strängare lärarinna. En av de där sångerna var den populära *Jag ska ta morfar med mig ut ikväll* som Brita Borg brukade sjunga och som klasskamraterna övertalade den intet ont anande lärarinnan att låta mig framföra. Mina "fans" förstod naturligtvis inte mer av sångtexten än vad jag gjorde. Det gjorde däremot lärarinnan. Och texten löd så här:

Det finns raringar fullt av raringar, överallt och när dom viska kom fick dom va dom vill och ofta lite till, men nu kan det minsann få va nog me det.
Nä, nu ska jag inte mera va mot en enda gosse snäll, för jag ska ta morfar med mej ut i kväll.
Det behövs i parken ingen bänk, ingen mån på himlens päll, för jag ska ta morfar med mej ut i kväll.
Och det står omkring jaquetten som en doft av naftalin, så att hela hot kvintetten tappar fattningen och melodin. Snälla du, så säger alla nu, jag vill inte vara snäll för jag ska ta morfar med mig ut i ikväll.
Mormor valsar hon, inte alls har hon lust till jazz, schottis kan hon minsann. Morfar däremot svingar med sin fot, han är hot får så brått så fort det blir foxtrot.
Ja nu blir det tomt för mormor tomt uti deras trevnads tjäll, för jag ska ta morfar med mig ut i kväll.
Jag har också märkt hur tomt det är under pjattars fontanell, så nu tar jag morfar med mej ut i kväll.
Han är mycket mer gedigen och han har ett yvigt skägg, fast det kanske visserligen kan ge upphov till barnsliga gnägg, varje flicka nu är sexuell men se jag är originell, för jag ska ta morfar med mej ut i kväll...•

Där satt jag alltså en 8-åring, glad i hågen och sjöng den där texten till ett uppjazzat ackompanjemang på

• Text och musik: Jessup-Sandy

en orgel, som vanligtvis inte brukade användas till något annat än att spela psalmer på till morgonbönen. Det tog en ände med förskräckelse och jag blev så utskälld att det sedan dröjde flera år tills jag vågade ta ton igen, och så länge vi hade den lärarinnan var jag praktiskt taget stum. Men hon hade nog trots allt en känsla för vad som var passande, för låten förbjöds faktiskt sedan under en period med motiveringen att den innehöll för många vulgära ord även för vuxna.

En annan prövning var införandet av fri skolfrukost i kommunen. Innan hade man kunnat cykla hem till mamma och hämta styrka på frukostrasten, men med skolfrukosten försvann den möjligheten. Istället samlades vi barn utanför en nyinrättad skolbespisning som inretts i en källarlokal i ett av de nybyggda hyreshusen mitt emot skolan. Sedan föstes vi in i omgångar och placerades klassvis vid stora bord tillsammans med läraren som höll uppsikt över bordskicket, och att vi åt upp ordentligt. Måltiden inleddes med bordsbön och avslutades med ett unisont tack för maten när alla ätit upp, och nåde den som sinkade rutinen genom att sitta och peta. För det mesta var det nog ändå mat som de flesta åt upp med god aptit, men det fanns några hatobjekt som till exempel Landshövdingesoppa vilken inte var helt lätt att få ner. Den var gjord på korngryn och hade en gråaktig färg och varför den hade fått äran att uppkallas efter landshövdingen förtäljer inte historien, men då den serverades hävdade halva klassen efteråt att de var illamående. Vid ett tillfälle var det så illa att lärarinnan de sista timmarna på skoldagen lät oss vila med huvudet lutat mot skolbänken. Någon hade t o m en hink bredvid sig för säkerhets skull ifall soppan skulle komma upp igen. För övrigt är det nog ändå mest den unkna doften av mat, trängseln och skramlet från de rostfria metallmuggarna mjölken serverades i som jag minns från bespisningen. Sedan hade vi också ett tag en lärarinna som var vegetarian och det var något helt nytt. Hon åt ofta inte mycket mer än ett äpple till frukost och det förvånade mig mycket att hon trots det var ganska rundnätt.

Ett annat kulinariskt minne från den där tiden är rökt böckling. Inte för att det serverades till skolfrukost precis. Nej, det var istället en av mina bästisar vars pappa var fiskhandlare, som introducerade den "nyheten" för mig. Hon hade ibland med sig ett flottigt paket, innehållande böckling, i skolväskan och vid lämpligt tillfälle på en rast, kunde vi smyga oss undan bakom cykelställen och äta fisken istället för godis.

I övrigt har jag inte så många klara minnen av enstaka klasskamrater konstigt nog, förutom grabben som till och från var min stora kärlek förstås. Han hade bland annat vid ett tillfälle varit ute och pallat äpplen, blivit upptäckt och fått en luftgevärssalva av salt i ändan. Jag glömmer aldrig hur konstigt han satt på cykeln när han kom till skolan dagen därpå och hur det förtog en del av hans charm. Sedan glömmer jag naturligtvis inte bästisen jag i hemlighet provade balklänningar tillsammans med i disponent Storjohanns Villa Billerud. Villan som nu är förvandlad till ett spahotell där klassfestarrangörerna föreslagit att återträffen ska gå av stapeln. En miljö som förmodligen framkallar fler minnen, om jag till sist trots allt bestämmer mig för att anta inbjudan och återvända till den gamla brottsplatsen.

Men frågan är om sådana här klassträffar egentligen återkallar så många trevliga minnen?

TELEFONSTOLPARNA, LANDSKAPET
och TIDEN

Telefonstolparna.

Snart försvinner telefonstolparna ur landskapet läser jag i tidningen, och minns de raka stolpar som i min barndom stod uppställda utefter landsvägskanten likt en vaktparad. Och medan de susade förbi bilfönstret tävlade man om att hinna räkna dem, för att hålla sig vaken, och inte gå miste om någon enda liten röd stuga i det glest befolkade landskapet. Stolparna gav fantasin näring, då de plötsligt gjorde en avstickare över fälten och försvann för att binda en osynlig, avlägsen gård till civilisationen. Och när de åter dök upp vid vägkanten, föreställde man sig att någon röst långt inne i skogen, hade hämtats upp och via telefonluren fått kontakt med en annan mänsklig stämma, som nu transporterades genom trådarna. Och man undrade om fåglarna som satt på ledningen kände vibrationer från rösterna likt kittlingar i tårna. Svängningar från ett samtal som kommit till stånd med hjälp av veven på telefonapparaten. Ja, telefonerna hade vev på den tiden. Nu har de inte ens tråd och stolparna ska också bort.

Ungefär två miljoner telefonstolpar har Telia beräknat att de har i landet. Den äldsta, 100 år gammal, har klarat sig från att ruttna tack vare impregnering med kreosot, en biprodukt från koksning av stenkol. Ett medel som forskningen på senare år konstaterat är cancerframkallande och avråder från att använda. Något som vi inte visste då vi la örat intill stolparna för att höra hur det sjöng i trådarna. Istället tyckte vi det doftade gott, likt tjära, när vi soliga vårdagar kramade stolpen för att uppfatta sången. Och ännu kan jag minnas hur det lät, och hur det stack till i kinden från såren i träet efter de taggiga stolpskorna montören använde, för att klättra upp och montera eller justera någon av ledningarna. De där skorna i metall, som inte passade ens små fötter och som var för tunga att lyfta hur gärna man än ville prova att klättra med dom.

Medlet Kreosot, som bidragit till att stolparna stått emot påfrestningarna av väder och vind så länge, började användas i Sverige i början av 1800-talet och skyddar inte bara telefon- och elstolpar i landet utan även järnvägsslipprar. Det betyder att en hel del material innehåller det hälsofarliga medlet, för att inte tala om anläggningarna där det destilleras fram och där impregneringen utförs. Att avskaffa kreosot i Sverige har Företaget Skanova räknat ut skulle kosta ända upp till 100 miljarder kronor – även om de existerande stolparna och sliprarna skulle få vara kvar. I andra länder har man kommit fram till liknande beräkningar och det råder inget tvivel om att ett förbud skulle bli mycket dyrt. Något som väl är en av anledningarna till att frågan stötts och blötts en tid, med många överväganden för och emot, i EU-kommissionen. Det man nu till sist beslutat innebär att kreosot får användas i ytterligare fem år räknat från maj 2013, med restriktionen att endast yrkesmän med utbildning får hanskas med det. Dessutom får trä impregnerat med kreosot inte användas på lekplatser, i leksaker, i odlingsbehållare eller i konstruktioner där virket ofta kommer i kontakt med huden.

Vad som kommer att hända sedan vet man inte, men för Telias del har man ändå redan påbörjat nermonteringen av cirka miljonen telefonstolpar – ett projekt man räknar med ska bli klart till 2015 enligt vad som uppgetts för tidskriften *Forskning och Framsteg*. Det beslutet har förstås tagits av fler skäl än problemet med kreosot. Luftledningarna är besvärliga och dyra att underhålla, särskilt som de utsätts för stora påfrestningar vid storm och kraftiga snöfall. Dessutom blir det mer och mer aktuellt med mobila telefonförbindelser och det är alltså ändamålsenligare att i stället bygga ut de näten, menar Telia. En utveckling som inte mötts med några större glädjetjut från den del av hushållen i glesbygden där bytet redan skett. Och då är inte skälet något nostalgiskt försvar för de gamla telefonstolparna, utan det faktum att det trådlösa nätet inte fungerar tillfredsställande. För vissa personer saknas efter förändringarna i stort sett kommunikationsmöjligheter över huvudtaget, då inte heller bredbands- eller mobiltäckningen fungerar betryggande. Något som alltså strider mot de lagar som säger att alla i vårt land ska ha rätt till telefoni för en rimlig kostnad till sin fasta bostad. Om detta inte klaffar kanske avverkningen av telefonstolparna rentav får ställas in.

Man kan förresten undra hur många platser i världen som över huvud taget skulle kunna genomföra en sådan här reform, inom överskådlig framtid. Och då tänker jag osökt på Kanada, där man kan se de mest fantastiska, stora och kraftiga telefonstolpar stå tätt, tätt i det vidsträckta landskapet, väl förankrade både i myllan och i innevånarnas sinnen som en trygghetsfaktor. Och inte bara det. De utgör också något av ett värdefullt särskiljande kännemärke för landet om man ska tro Felix Leclerc, Quebec-provinsens store poet och musiker. I en av sina sånger sjunger han nämligen: "Venedig har sina gondoler, Miami sina palmer, Frankrike sina monument, Zigenarna sin musik - men vi, vi har telefonstolparna - skogen som är fånge i trådarnas värld och transporterar våra meddelanden" (fritt översatt från Quebec-franskan). Vid en sådan deklaration av likvärdighet med etablerade minnesmärken i världen, ställer man sig onekligen frågan vad som kommer att hända den dagen någon försöker rycka upp de där telefonstolparna.

Clean Space One och annat jordnära.

Ett besök vid kvarterets sopstation med veckans hopsamlade lämningar av mjölk- och plastförpackningar får mig att förundras över hur mycket skräp vi människor producerar och sprider omkring oss. Att döma av allt det som ligger spritt även utanför de gröna, kantstötta, kladdiga bubblorna på platsen har vi uppenbarligen väldigt svårt att rensa upp efter oss. Och tankarna går till det jag just läst om allt det skräp vi också lyckats åstadkomma ute i den yttre rymden, där det verkar som om bitar från gamla raketer, övergivna satelliter, raketsteg och annat cirkulerar omkring hur som helst, kolliderar med varandra, faller sönder och åstadkommer ändå mer skrot. Och som dessutom far fram med en så enorm hastighet att nya fungerande satelliter och rymdstationer riskerar att skadas, likaväl som uppskickade austronater.

NASA har räknat till åtminstone 16 000 objekt, större än 10 cm i diameter, som svischar runt där uppe med en hastighet av 28 000 km i timmen och utgör ett hot för både satellitägare och försäkringsbolag. Därför håller man nu i Schweiz på att utveckla en städsatellit som ska fånga in all bråte och se till att det blir förstört. Städapparaten, som fått namnet *Clean Space One*, utvecklas av vetenskapsmän på rymdtekniska universitetet i Lausanne, EPFL (Ecole Polytechnique Federal de Lausanne), och beräknas vara färdig för användning år 2016. När den då skjuts upp i rymden ska den dra till sig skrotet som finns där och slunga in det mot jorden där det förhoppningsvis brinner upp så snart det kommer in i atmosfären. Detta ska ske med hjälp av apparatens armar som fälls ut när de träffar på något objekt. Hur apparaten ska skilja mellan skräp och icke skräp förtäljer inte historien. Men armarna lär ha grip- och/eller sugfunktioner som håller kvar föremålen tills de slutligen kan slungas in mot jorden. Efter vad man uppger har maneter och bläckfiskar fått fungera som förebilder vid konstruktionen. För min del ger beskrivningen associationer till en nyinköpta självgående dammsugare. En liten rund, röd och hemtrevlig apparat som tultar runt helt på egen hand bland bordsben och andra hinder i bostaden, tills den stänger in sig själv i något hörn och inte kommer vidare. Särskilt effektiv kan man inte påstå att den lilla dammsugaren är och jag hoppas verkligen att *Clean Space One* blir en mer lyckad konstruktion.

Beskrivningen av allt det som vi genom våra ambitioner att upptäcka, utmana och förändra världen, sprider omkring oss, får mig osökt att tänka på Afrikas savanner. Där har vi också lämnat en del skrot, som trasiga och vittrande vattenpumpar, rostande traktorer samt otalet sönderfallande lastbilar utspridda på vissa platser. Resultatet av andra utmaningar och slöseri i form av hjälpinsatser vi varit slarviga med, trots de goda avsikterna. Satsningar som inte följs upp och där mottagarna, av brist på motivation, reservdelar och kunskaper om hur en utrustning ska skötas, inte har fått förutsättningar att arbeta vidare med efter att biståndspersonalen åkt därifrån.

Insikt i resultatet av en sådan biståndsinsats några år efter att den genomförts, fick jag i samband med studiet av ett museum i Afrika. Museet var produkten av en europeisk satsning som avsåg att i ett utvecklingsland skapa det slag av forskningsinstitution som vi tycker är så viktig för vår självuppfattning och som vi därför tror är lika viktig för andra delar av världen. För min del var jag där för att studera vilken inverkan museet hade på omgivningen, och framförallt effekten av det hantverksprojekt som bedrevs och som också initierats med hjälp av biståndsorganet.

I det här fallet var biståndsinsatsen baserad på önskemål från hövdingen över Lozifolket i västra Zambia. Han ville skapa ett enkelt kulturcenter för att upprätthålla folkgruppens traditioner och dokumentera dess historia. En europeisk biståndsorganisation nappade på idén och byggde snabbt upp ett museum. Det skedde i samarbete med hövdingen, som delvis var utbildad i Europa, och resulterade i en institution som till det yttre i stora delar lever upp till de föreställningar han hade. En vacker och för området ganska typisk byggnad med halmtak, som fint smälter in i den omgivande lilla byn, vilken till största delen består av lerhyddor och några enkla hus med plåttak. Vad gällde funktion och utrustning däremot fick museet ändå en stark prägel av europeisk institution. En anda som museets lokalt tillsatte direktör, också utbildad i Europa, försökte upprätthålla med hjälp av en till stora delar outbildad personal. Och att personalen trots en väldig stolthet över sitt museum, inte alla gånger förstod intentionerna med hur denna främmande inrättning skulle skötas, blev många gånger uppenbart under min vistelse där. Något som till en början gav mig blandade känslor.

Sålunda kunde det t ex hända att museets guide på weekenden tog med sig en stor kasettbandspelare och drog en snubbelfarligt lång elsladd genom hela utställningshallen förbi glasmontrar med witchkraftföremål mm, till entrén. Där stod hon sedan vid entrédisken och spelade amerikansk countrymusik på en volym som fyllde den lilla byggnaden totalt och dessutom hördes långt ut i omgivningarna. Hon var en ung, mycket vacker Lozi-flicka, som fick byns grabbar att flockas runt henne tills de fyllde hela ingången till museet. I övrigt konkurrerade musiken också starkt med danstruppens trummande på dansarenan intill, där den varje helg uppträdde med lokala danser inför publik. Om det fanns någon publik vill säga.

Söndagsmorgnar när museidirektören inte var där kunde det också hända att personalen i hantverksbutiken passade på att utnyttja tillgången på vatten och tvättade sina medhavda färgglada kläder. Sedan hängde de kläderna på tork över det lilla, typiskt europeiska villastaketet runt museigården intill den pittoreska entrégrinden vid byvägen. Hantverksbutiken var till för att sälja de produkter lokalbefolkningen, engagerade i hanverksprojektet, tillverkade med de gamla museiföremålen som förebilder. Ett projekt som utvecklats i stor skala i samband med museets tillkomst och som hade satt sina spår i omgivningen då tillgången på träd minskat i oroväckande hög grad. Förlusten av virke innebar i sin tur att också de träpinnar som skulle hålla upp en ståltråd runt de anlagda blomsterrabatterna kring museet undan för undan försvann. Blommorna i rabatterna hade för längesedan torkat bort, och träpinnarna hade inte längre någon uppenbar funktion. De förde istället en ojämn kamp med behovet av ved till en värmande brasa kalla vinternätter, då museets nattvakter kämpade mer med kylan än med uppdraget att bevaka ett museum de inte riktigt förstod sig på.

Bevakning av ett effektivare slag ägnade sig istället byns poliser åt i den lilla polisstationen bredvid museet, vilket resulterade i höga skrik då någon av byns invånare bestraffades. En hantering som kunde utsträckas till museigården där den anklagade med hjälp av trädgårdsslangen under protester blev spolad med kallt vatten. Byns enda trädgårdsslang och tillhandahållen av det europeiska biståndsorganet.

Att jag till en början inte såg västerlandets förfelade inblandning som en del i de här händelserna, får väl tillskrivas en blockering inför våra etablerade institutioner. När den så småningom släppte gav det mig dock en befriande insikt om att våra västerländska lösningar trots allt inte sväljs med hull och hår överallt, de må sen vara vetenskapliga eller ej. Att det hos människor i andra delar av världen finns en kreativitet tillräckligt stor för att ge perspektiv på vårt agerande och få oss att se misstagen som begås t o m genom viljan att hjälpa. För visst fanns det nog mycket egen kreativitet hos Lozifolket för att de med en annan form av bistånd själva skulle ha kunnat skapa den kulturinstitution de ville ha. Och som jag föreställer mig i sådant fall sannolikt hade blivit mer anpassad till det lokala behovet och omgivningen och också mött större förståelse hos lokalbefolkningen.

Och kanske kommer folk på olika platser i Afrika en dag att städa upp efter misslyckade biståndsprojekt, rostande pumpar samt gamla lastbilar och använda sin kreativitet till något som liknar det städprojekt en grupp bergsklättrare bedrivit i Nepal. Ett arbete där det gällt att ta hand om allt skräp västerländska bergsklättrare och vetenskapliga expeditioner lämnat kvar efter sig på Mount Everest. Något man kunde läsa om på BBC News där man beskrev hur en expedition av nepalesiska klättrare, ledd av Namgyal Sherpa, riskerade livet för att klättra upp och ned i "dödszonen" på Mount Everest och samla ihop gamla efterlämnade tält, rep, matförpackningar, campingkök och tomma syrgastuber. Hjälpmedel av en typ som städexpeditionens deltagare själva avstod från att använda under sina klättringar, för att de istället skulle kunna bära med sig så mycket kvarlämnat material som möjligt tillbaka ned. Däribland kropparna efter två förolyckade bergsklättrare från USA respektive Schweiz.

Och allt detta material fanns där trots försöket att motverka nedskräpningen, genom att ålägga varje klättrare som kommer för att bestiga Mount Everest en deposition av omkring 26 000 kronor i handpenning. En summa de återfår om de tar med sig sitt avfall tillbaka ner igen. Men trots detta lämnas varje år stora mängder kvar. Så stora t o m att några nepalesiska konstnärer under en månads tid år 2012 gjorde 75 konstverk av det 1,5 ton tunga hopsamlade skräpet. En kreativitet som är värd all beundran och som dessutom inbringade en hel del inkomster då konstverken såldes till förmån för *Everest Summiteers' Association*. Organisationen som tillkommit genom insikten att Himalayas omgivningar är i behov av skydd mot nedskräpning. Och som genom information och utbildningen vill få utländska besökare och klättrare, likaväl som lokalbefolkningen, att förstå vikten av att städa upp efter sig.

Så *Clean Space One* i all ära, men om vi skulle vara lite mer lyhörda, och skynda aningen långsammare, kanske vi genom befolkningen i andra delar av världen och deras kreativitet, skulle kunna få hjälp med insikter som inte alltid finns hos oss i industriländerna. Insikter som skulle kunna gör det möjligt att komma tillrätta med det slöseri och slarv som skapar allt detta skräp omkring oss i rymden lika väl som på jorden. Eller att använda det på ett kreativt sätt som städprojektet i Nepal visar och som man också kan se i det hantverksmässiga återanvändandet av plåtburkar, tidningspapper med mera i andra delar av världen. Kassar och väskor, skålar och skulpturer tillverkade i utvecklingsländerna och som allt oftare finns till försäljning i våra butiker för konsthantverk. Skulle vi dessutom lära oss att ta hand om smörjan redan innan den uppstår, vore det så oerhört mycket bättre.

Hannas Värmland och mitt.

När man läser Hanna Hellqvists kåserier om hennes uppväxt i Värmland kan man ibland ha svårt att känna igen sig. I varje fall när hon jämför en saga av Astrid Lindgren med sitt Vålberg. Ett litet samhälle ett par mil från den lilla värmländska stad jag själv föddes och växte upp i och sedan flydde ifrån som sjuttonåring. En stad som även om den var större än Vålberg kändes alldeles för trång och utsiktslös. Och det trots att jag hade ett kontorsarbete, vilket räknades som en stor framgång på en ort där arbetstillfällena var få. Särskilt om man inte begåvats med kontakter och möjlighet att bli anställd på den stora pappersfabriken Billerud, som hela stan i stort sett vilade på.

Trots att jag alltså hade ett eftertraktat arbete var jag inte nöjd och det berodde delvis på att förhållandena på arbetsplatsen var ganska vidriga, till och med för att vara på 1950-talet. Firman var ett familjeägt fabriksföretag och alla arbetsledande poster på kontoret innehades av familjemedlemmar som intensivt bevakade de anställda och varandra, från kassören upp till disponenten själv. En myndig patriark i brun kostym med guldklocka i västfickan. En klocka han använde till att mäta den tid som eventuellt gick åt till aktiviteter som inte helt styrdes av arbetsuppgifterna, som t ex ett toalettbesök. Dristade man sig till att smita in på toan som låg precis utanför hans rum, stod han snart utanför dörren med klockan i hand och räknande minuter och sekunder. Det gällde att göra processen kort om man skulle undgå en missnöjd blick när man kom ut igen Och följden blev att man nästan fick urinstämma av rädsla för att det inte skulle gå fort nog.

Arbetsuppgifterna var inte heller direkt roliga alla gånger. En av dem bestod i att skriva ut arbetsorder på en skrivmaskin som var så gammal och använd att vissa tangenter fått gropar av alla fingrar som hamrat på den. Utskrifterna var underlag för arbetet på fabrikens olika avdelningar för möbeltillverkning, och skrevs därför i flera exemplar med karbonpapper emellan. Något som gjorde en eventuell felskrivning till ett rent elände. Och det enda som kändes trevligt med den arbetsuppgiften var att gå ut i fabriken och fördela orderkopiorna på de olika avdelningarna, när de väl var färdigskrivna för dagen. Där ute kunde man prata och skoja med fabriksarbetarna utan kontrollerande ögon, eftersom ingen av ägarfamiljens medlemmar arbetade på fabriksgolvet. Den enda man möjligen kunde stöta ihop med där ute var Ingenjör'n som i sin vita vegamössa påminde om en grånad student. Han var den bland ägarna som var lite mänsklig och t o m kunde dra ett skämt när man stötte på honom i fabriken. På 20-talet hade han byggt en rundradiostation och var något av en kändis i stan där han med jämna mellanrum sände närradio ända fram till 1958. Och det gick många historier om hur han satt och sände på kvällarna, alltmedan hans fru grälade om att han skulle komma och lägga sig, vilket också gick ut i etern.

Innan jag fick göra den där efterlängtade utflykten i fabriken måste emellertid utskrifterna kontrolläsas, och det skedde tillsammans med familjens äldsta och minst betydelsefulla medlem, en liten kuvad gubbe, ingift i dynastin och anställd på nåder. Han satt inklämd i ett hörn av kontorslokalen och rökte cigarr, medan han utförde några gåtfulla räkneuppgifter på en skramlig maskin, som säkert hängt med sedan fabriken grundades vid sekelskiftet. Där fick jag klämma in mig bredvid honom och lyssna till hur han läste högt från den inkomna beställningen, samtidigt som jag kollade att det stod samma sak på den just utskrivna fabriksordern. I mina 15-åriga ögon var gubben uråldrig och helt hopplös, sluddrade otydligt genom en bristfällig tandrad, luktade cigarrök och hörde dåligt, så vårt samarbete var inte helt friktionsfritt. Om något visade sig vara fel, eller jag bara inte hängde med, blev det kaos eftersom han inte hörde när jag försökte få honom att göra ett uppehåll i sluddrandet. Därmed såg disponenten sin chans att sätta åt oss båda och kom farande för att med myndig röst få stopp på mannen, samtidigt som han kollade om jag eventuellt skrivit något galet.

En annan uppgift var att fungera som avbytare till ordinarie telefonist i telefonväxeln och det var lite roligare. På den tiden var telefontrafiken ännu inte automatiserad och man måste därför begära att bli kopplad av telefonisterna på Säffle telegrafstation. Där arbetade min tio år äldre storasyster vilket innebar att alla telefonisterna visste vem jag var och kände till rubbet av dumheter och rackartyg jag gjort sedan jag var riktigt liten. Så när jag försökte framföra min beställning med seriös telefoniströst drev de godmodigt med mig för att få mig att skratta. Det blev för det mesta ett trevligt avbrott i tristessen, även om det gällde att hålla ansiktet i styr så ingen på kontoret märkte att jag hade roligt. Lyckades inte det var snart disponenten framme igen. De där telefonisterna på telegrafstationen kunde förresten en massa fräcka historier som min syster brukade berätta när hon kom hem från jobbet. Till pappas stora förtjusning.

När det gällde fritidsaktiviteter var det inte riktigt lika kontrollerat som på arbetsplatsen, men nöjesutbudet var istället ganska begränsat till dans i Folkets Park på sommaren och biobesök på två biografer vintertid. Det fanns en tredje biograf också men den hade träbänkar och vedkamin och räknades inte annat än i yttersta nödfall. Ville man dansa på vintern var det just till Hannas Vålberg man åkte. Där låg ett av de få dansställena i trakten, och bristen på andra alternativ gjorde att man t o m stod ut med lukten av ruttna ägg som kom från samhällets cellulosafabrik. En doft som lägrade sig över hela området, inklusive danspalatset. Något idylliskt bostadsområde med namnet Koko Hill som det Hanna beskriver i en av sina krönikor om julefrid, har jag inget minne av från den tiden. Men att alla som bodde i Vålberg var koko rådde det däremot ingen tvekan om bland oss som kom från staden Säffle, och vi menade till och med att det var de som spred den ruttna doften och inte fabriken. Ändå åkte man dit, efter att ha baddat sig grundligt med trendig liljekonvaljdoftande eau-de-cologne, för att kanske få dansa rock'n roll med någon världsvan kille från Karlstad som kunde stegen.

Att de till sist byggde ett Koko Hill i Vålberg förvånar mig således inte ett dugg. Inte heller att Hanna har så mycket roligt att berätta därifrån, med tanke på den speciella pappa hon begåvades med och som hon skrivit om i boken *Karlstad Zoologiska*. För oss barn, med vanliga föräldrar som bodde i Säffle, finns det inte lika mycket att skildra. Visserligen gjorde vi tjejer en del bus och rev sönder några kjolar på att klättra över förbjudna staket, men i det stora hela var det ganska lugnt och vi kom för det mesta undan med mammas åthutning för de förstörda kläderna. Vi blev inte ens upptäckta när vi tog oss in i Villa Billerud, medan familjen var bortrest, och passade på att prova alla balklänningar de hade i garderoberna. Och tur var väl det för bästa väninnans föräldrar. De var nämligen tjänstefolk hos Storjohann, disponenten för fabriken, och förmodligen orsak till att vi kommit in i den stora slottsliknande villan, som förresten numera är ett spa-hotell öppet för alla som har råd att bo där. Med eller utan balklänning.

Campingliv.

Så här när vintern närmar sig gillar en av mina väninnor att ta husvagnen och dra iväg till någon campingplats söderut. Själv förstår jag inte riktigt charmen med campingplatser. Söderut är jag med på, men att duscha, laga mat och diska tillsammans med en massa främmande människor, nej det gillar jag inget vidare. För att inte tala om all uppmärksamhet man får på såna platser. Så snart man rör på sig sträcks halsarna runtomkring som i en hönsgård och frågan hänger i luften; ”vad gör hon nu då”. Åker man iväg en stund grunnar alltid någon på vart man ska och när man återvänder blir frågan var man varit, vad man sett och om det är något att ta efter. Den som kommer med kassar blir tillfrågad om var inköpet skett och hur priserna ligger i förhållande till någon annan ort eller campingplats. Varje liten sevärdhet dryftas och bevakas svartsjukt för ingen vill riskera sumpa något av det som finns att se i omgivningen, trots att man ändå helst sitter på campingen och iakttar varandra.

Fast ska jag vara ärlig så finns det delar av världen där den här beskrivningen inte stämmer. I Kanada t.ex. där jag tältat i olika provinser, är campingplatserna så stora att man skulle behöva använda kikaren för att iaktta de övriga camparna. På vissa ställen kan man t.o.m. välja en egen sjö på vars strand man sedan slår ned sina tältpinnar, plockar fram metspöet och i stilla ro och ensamhet väntar på napp. När fisken väl är fångad står en stationär grill till ens förfogande och man kan glömma trängseln vid spisen och diskhon. Enda gången jag känt mig iakttagen på en Kanadensisk camping - av annat än björnar vill säga - var i ett indianreservat där vi av misstag råkade välja en plats reserverad för hövdingen. Ingen sa åt oss att vi inte fick tälta där, men de som passerade tittade lite långt, förmodligen bara osäkra på om vi tillhörde klanen eller ej.

Annat är det i Europa. Där känner man sig inte säker för blickar ens inne i sitt eget, vad det nu är för någonting, husvagn, husbil eller tält. Allt sker på något vis för öppen ridå oavsett utrustning. Ja, man kan inte ens vända sig i sängen utan att det ger eko över campingen. Snarkningar och snusningar i sömnen registreras, och om någon råkar lägga av en riktig rökare mitt i röran fortplantar den sig som en tryckvåg över campingen. Vindskydd och soltak rasar ihop, fällstolar viker sig och vimplar från olika länder fladdrar upprört i vinddraget. Den som råkar göra sig skyldig till ett sådant kaos ser sig definitivt nödsakad att packa ihop sina pinaler och i skydd av nattens mörker smyga iväg till nästa ställe.

Fast när jag säger så där tycker väninnan att jag överdriver, och kanske har hon rätt. Men det blir väl inte roligare för det?

Sommarstuga eller lantställe.

Nu är det högsommar och radhusområdet blir allt tommare när grannarna försvinner till sommarstugor och lantställen. För min del förstår jag inte riktigt vitsen med det där åkandet till landet när man redan bor praktiskt taget på landet. Och vad mitt hus beträffar är det så litet att det mycket väl kan gälla som stuga där det står inbäddat av grannarnas buskar och träd, som behöver vattnas i sommartorkan. Vattnar gör jag som en av de få kvarvarande, samt tar hand om posten och matar akvariefiskarna. Dessutom äter jag upp jordgubbarna som mognar som bäst medan ägarna är borta, lyssnar på koltrasten till morgonkaffet och ligger i hängmattan och läser i lugnet och stillheten.

Ja så där helt stilla är det nu ändå inte för någon av barnfamiljerna är trots allt hemma och bryter tyst-naden med några tjut emellanåt. Och på en av gårdarna står det en studsmatta som knarrar regelbundet när den används flitigt av ett par flickor. Om man inte hörde deras lustiga samtal där replikerna kommer stötvis i takt med att de studsar upp och ned, skulle man kunna tro att det är något annat som knarrar. För övrigt sprider sig även doften av grillkorv emellanåt över området och skvallrar om liv.

En annan av de hemmavarande grannarna har något stort och seriöst reparationsprojekt på gång varje sommar, dold bakom häcken. Vad det är för något får man gissa sig till från ljudet av borrmaskiner, sågar och hammare. Hur pass framgångsrikt det är kan man också föreställa sig baserat på antalet svordomar som tränger ut genom bladverket. I år låter det som om han knäskurar trädäcket på altanen med rotborste. Något väldigt tungt och ansträngande är det i varje fall att döma av allt stön och stånk. Och det verkar som om han inte ens har tid över för komposten längre, vars plastbytta han annars brukar röra runt i medan han kämpar med locket som tydligen inte är helt lätt att få på plats.

Sedan har vi ju den TV-tittande grannen hemma också förstås och hans zappande mellan kanalerna strömmar ut genom öppna dörrar och fönster, hejdat enbart av klicket från varje ny ölburk han öppnar. Ibland tycks han somna framför TVn trots de högljudda actionfilmer han verkar föredra, och då kan man vakna mitt i natten av att det fortfarande är full fart på bovjakten och skjutandet i hans vardagsrum. Sådana gånger tänker jag att ett lantställe kanske inte vore så tokigt i alla fall och börjar plocka bland tält och sovsäckar för att se om jag inte skulle kunna ta en tur till någon öde ö eller liknande. Eller varför inte tälta i en av parkerna mitt i city förresten. Där är det ju tomt så här års, förutom på turister då förstås. Men dom är så trötta efter att ha köat till ABBA-museet att de inte orkar föra så mycket liv när de väl fått det besöket avklarat.

Fast annars är det som sagt rena idyllen här bland radhusen, och lite ljud och egenheter hos grannarna får man väl ta. Dessutom ska jag ändå iväg så snart ägarna till buskarna och akvariefiskarna kommer hem och avlöser mig. Då är jordgubbarna i vilket fall som helst slut och jag tänker ta en cykeltur på den nedlagda banvallen utefter Klarälven i Värmland. Den leden sägs gå genom ett väldigt vackert och lantligt fridfullt landskap.

Villaområde då och nu.

I det radhusområde där jag numera bor, utgör trädgårdarna något som liknar en förlängning av husens insida. Man bygger trädäck för soffgrupper och matsalsmöbler, pyntar och garnerar med blommor och buskar, och dekorerar vintertid med ljusslingor av alla de slag. Allt i enlighet med trädgårdstidningar och TV-program. En kontrast till minnet av barndomens villaområde i den lilla Värmländska stad, där husen på 40-talet i första hand var bostäder. Trädgården sågs mest bara som ett extra utrymme att ställa cyklar och andra kommunikationsmedel på, i konkurrens med potatisland och odlingar av annat ätbart som behövdes för överlevnaden. Man hade inte så stora anspråk på fina rabatter och inte heller de ekonomiska förutsättningarna att anlägga några, utan accepterade saker och ting lite mer som de var.

Sålunda hade vi på ena sidan om vår gård något som i mångt och mycket liknade en motorcykeldepå med mer eller mindre slaktade cyklar och motorer. I villan bodde, tillsammans med sina föräldrar, två grabbar som mekade med allt möjligt i källaren under huset. Där provkörde de ibland hjälpligt hopmonterade motorer tills röken välde ut uppför källartrappan, och de själva kom staplande efter, fullkomligt omtöcknade av koldioxid. Tidvis utgjorde de en fara för hela omgivningen genom att dessutom, särskilt vid påsk och nyår, tillverka smällare av mer eller mindre kraftigt slag. Hur kraftiga, hade dom nog ingen riktig koll på och gjorde därför provsprängningar i närmaste skogsområde dit vi ibland fick följa med, min äldre syster och jag. Vid ett sådant tillfälle hade de laddat en stor gammal ihålig uthusnyckel med krut minns jag, och den slängde de sedan hårt mot en bergknalle för att se om det small. Och det gjorde det. Avsikten var att med hjälp av ett snöre fastbundet i nyckeln, svinga den mot den murade husgrunden hos någon granne och få det att smälla, medan de själva stod gömda bakom stugknuten. På så sätt skulle dom skrämma nån gammal tant eller gubbe och få lite skoj utan att bli avslöjade. Trodde dom.

Vår mamma, som förresten var mycket intresserad av trädgårdsodling och faktiskt hade en av de finare trädgårdarna i området, var inte så glad åt de där grabbarnas framfart och framförallt inte döttrarnas umgänge med dom. Och ibland var inte vi heller så nöjda. Som den gången min syster kom i bråk med en av grabbarna, som då bristningsgränsen var nådd och orden tröt, tog till en stör för att komma åt henne över staketet. Några större klagomål mellan föräldrarna ledde det dock inte till, vad jag kan minnas. Man var mån om att upprätthålla grannsämjan och tyckte nog dessutom att båda var lika skyldiga, även om den ena riskerat mer påtagligt fysiska skador än den andre.

Grannen på andra sidan om oss hade sitt utedass placerat mitt framför vårt köksfönster. Han var känd som ”kommunisten” i området och hade en vuxen dotter som såg rätt bra ut och som pappa gärna spanade in från sin plats vid köksbordet när hon gick på dass. Deras trädgård bestod mest av gamla fruktträd och var ganska okey, även om det naturligtvis inte kunde bli fråga om något borgerligt paraderande med blomsterrabatter och dylikt hos en sådan herre. Och att han skulle flytta dasset fanns det inte någon tanke på.

Bakom vår trädgård bodde en tant vars hus låg gömt i en skog av träd där det knappt syntes. Och det gjorde inte hon heller. Vi barn kallade henne för Häxan i pepparkakshuset och försökte ibland ta oss igenom staketet för att få en skymt av henne. Det lyckades aldrig så vitt jag minns, men man passerade alltid hennes tomt med en viss bävan, vilket jag gjorde nästan varje dag på väg till skolan. Bortanför "häxans" hus bodde nämligen en av mina klasskamrater som jag brukade hämta upp på vägen. Hennes hem var ett jättelitet rött torp där det rådde en del oordning både ute och inne. Ofta var hon inte ens vaken när jag kom, och lät mig vänta utanför tills hon rufsig i håret och knappt färdigklädd kom rusande. Då fick vi bråttom för att inte komma för sent. På väg hem från skolan brukade vi dock ta det lugnare och bland annat leka vid en liten damm vi passerade. Där fanns spännande saker att titta på som t ex grodyngel på våren, men också diverse skräp av skiftande slag. En dag hittade vi till vår överraskning ett helt gäng ballonger i dammen. Det trodde vi åtminstone att det var, ända tills jag glad i hågen visade fyndet för mamma. Hon fick ett väldigt konstigt uttryck i ansiktet, förklarade att de där "ballongerna" inte var några leksaker och konfiskerade dom. Var de kom ifrån, varför det var så många och hur de hade hamnat i dammen är fortfarande en gåta jag inte lyckats lösa. Och vad det var för sorts ballonger förstod jag först mycket senare.

På framsidan av vårt hus, tvärs över gatan, bodde en ung familj i en liten stuga som också påminde om ett torp. De hade två små barn som ofta stod i bara livstyckena inne på fönsterbrädan och tittade ut, medan näsan rann på dom. Deras far hade det lite svårt med sig själv och med spriten och gick ibland på söndagarna omkring och muttrade på den lilla gårdsplanen, i bara undertröja och byxor. Den klädseln ansågs inte riktigt anständig på den tiden och gav upphov till en del kommentarer bland grannarna. Men karln var snygg och välbyggd och det dämpade den värsta indignationen.

En annan som också var lite pigg på sprit var mannen som efter jobbet på lördagarna, ibland lätt påstruken passerade vårt hus på sin cykel. På pakethållaren hade han spänt fast en bakelsekartong som innehöll en tillplattad muta till hans fru. Men honom har jag berättat om på ett annat ställe så det tar vi inte nu igen.

Vad jag egentligen ville säga var bara det att trädäck, blomsterrabatter och exotiska växter på välansade trädgårdslotter inte nödvändigtvis leder till ett händelserikare liv än det vi hade förr, även om det kostar mer.

Kungen och tiden.

Nyligen var det pompa och ståt när Kungen firade att han suttit på tronen i 40 år. Majestätet for fram i hästdragen kalesch och tog emot folkets hyllningar i ett i blomstersmyckat Stockholm. Och på slottets inre borggård bjöds det upp till dans med artistuppträdande dit allmänheten var välkommen helt gratis. Tusentals undersåtar deltog i evenemanget som uppmärksammades av radio- och TV-kanaler från både när och fjärran. En intervju med Kungen sändes i TV och kommentarerna och kritiken efteråt gick i vågor. Det hela påminde om förr och kanske allra mest om kungens 50-årsdag, den händelse med majestätet i centrum som låg närmast i tiden. Den gången skrev Arne Ruth en krönika i DN som fick rubriken *För kungen ur tiden*. En träffande travesti på konungens valspråk.

När jag vid det tillfället ville skriva en kommentar till Ruths krönika upptäckte jag att den hamnat i ett av mina experiment i vävstolen. En väv där jag lät tidningspapper ingå istället för det vanliga förfarandet att använda inslag som består av gamla tygtrasor. Det var något symbolisk i detta tyckte jag den gången medan jag letade fram den hopskrynklade tidningskrönikan på samma sätt som man söker efter resterna av sina gamla klänningar i hemvävda trasmattor. Krönikan föreföll mig nämligen vara något av ett eko från en tid som är förbi - det glada 60-talet då vi alla ännu trodde på demokratins absoluta valmöjligheter. Då vi ville avskaffa monarkin som en självklar del i viljan att utrota klassamhället. Något vi föreställde oss möjligt bara vi enades och såg till att alla samhällets medborgare fick samma utgångsläge, till exempel genom utbildning. Och det jag skrev i kommentaren till den krönikan visar att mycket lite har förändrats och att texten i själva verket är lika aktuell idag som den var då.

För tyvärr vet vi ju att det inte är så enkelt att förändra samhället och att mycket lite av det gamla har omvandlats. Trots bättre möjligheter till grundutbildning sker rekryteringarna till högskolor och vidare till de högre posterna i samhället fortfarande i stor utsträckning efter samma mönster som det gjorde tidigare. Det vill säga bland dem som kommer ur välbärgade miljöer med välutbildade föräldrar. De arbetare som gör "klassresan" är förhållandevis få och har dessutom ur flera aspekter, uppenbara svårigheter att bli accepterade både uppåt och nedåt i hierarkierna.

I själva verket är det fortfarande så att de gamla etablerade familjenamnen går igen, generation efter generation på många högre poster inom våra stora, ur karriärsynpunkt attraktiva, institutioner. Ta bara en titt på Sveriges Radio/Television, eller på tidnings- och förlagsbranschen som ett par exempel. Finns där inte många belägg för att en hel del fortfarande, med Bo Strömstedts ord i en ledare i Expressen "kan kvalificera sig för sin post bara genom att födas i en viss familj".

Att i det läget angripa "bördspektaklet" monarkin blir som att avslöja hemligheten med kejsarens nya kläder, lite naivt. I vissa fall till och med direkt patetiskt, som då en liten skara vänsterpartister på l:a maj dagen efter kungens 50-årsfest kom tågande från söders höjder med den röda fanan i topp. De marscherade längs Skeppsbron förbi den danska kungajakten Dannebrogen, där Danmarks drottning och hennes gemål sov efter festen, och vidare utmed det blomstersmyckade slottet, tappert hojtande: "ned med monarkin, kungen är ett svin" (trots att inga påståenden om kaféflickor och annat då ännu publicerats). Kring slottet trängdes, ännu dagen efter det stora firandet, en mängd människor uppenbarligen med helt andra åsikter och intressen än vänsterns paroller. De var istället där för att plocka till sig en del av de vissnande resterna av kunglig festglans. Att plocka av blomsterprydnaderna hade det nämligen getts tillstånd till från högre ort. Ett smart sätt att få städat kan man tänka.

Och att "fjäska" för kungen som Ruth skrev i krönikan är bara ett av flera tecken på något som kanske är mycket allvarligare idag, nämligen bristen på tilltro för politikerna. En naturlig följd av den förtroendekrisen blir att ingen längre vågar tro på republik, med möjlighet att välja president, som ett bättre alternativ till monarkin. De flesta exempel i världen tyder dessutom på att det även i presidentval är familje-position och pengar som avgör vilka som blir valbara och att det inte ges någon större garanti vad gäller resultatet av ett sådant begränsat urval. USAs förste svarte president Obama, utgör ett undantag som egentligen bara bekräftar regeln, om man ser till de stora svårigheter han mött, när det gällt att få igenom sina förslag i senaten. Argumenten att kungahuset kostar för mycket ter sig också svaga då det visar sig att politiker och andra förtroendevalda spenderar stora summor av allmänna medel på både det ena och det andra av tvivelaktigt värde. Lyxhotell och "lunch" i form av inköpskvitton på flotta underkläder, är bara ett litet aktuellt exempel.

Sådana svek från politikernas sida gör helt enkelt kungen mer tilldragande som mål för uppmärksamheten för många människor. Därmed tycks både han och resten av kungafamiljen också bli intressantare även för journalisterna, vilket är märkligare och borde vara föremål för större ifrågasättande. Hur dessa tilltalar majestätet som Ruth tog upp i sin krönika, torde i det läget vara av sekundär betydelse. Även om det faktum att vi i vårt moderna samhälle inte får säga ”Ers Majestät” utan ”Kungen” ger upphov till underliga omskrivningar. En formulering av typen ”Talades det bara svenska när kungen var liten” som i den intervju Arne Ruth citerar, gör det hela ändå märkligare och dessutom löjligt. Och där kan jag nog instämma i Ruths slutpoäng att journalisterna antingen får börja tilltala majestätet med den klassiska titeln eller avstå från att fjäska.

Slutsatsen blir att titulaturerna skiftar i takt med tiden och åsikterna, utan att något egentligen förändras i grunden. Och kanske är det bara i väven jag experimenterar med som någonting verkligen händer, då inslagen av tidningspapper får den tryckta krönikans ord att kastas om och skymta fram utan sammanhang likt pamfletter.

Felicias pappa försvann.

Jag läser boken *Felicia försvann* av Felicia Feldt och sorgen växer tillsammans med frågetecknen. Inte över mamman som kanske var avsikten, utan mer över att tidsperioden som beskrivs får en så orättfärdig framtoning i backspegeln. Kampen för ett friare liv samt föreställningen att det skulle kunna genomföras. Och förvåningen över vuxna barn som dömer efter samma konservativa mallar som de vi revolterade emot och trodde oss kunna avskaffa. 40-talisternas naiva tro på ett ideal som nu renderar utskällningar och beskyllningar av de mest skiftande slag. Åtminstone vad gäller mammor. Pappor förefaller klara sig något bättre även om det faktum att de i Felicias fall presenteras som en siffra inom parantes, säger en hel del om förakt och brist på uppskattning även för deras existens. Förutom den pappa som i kraft av biologin får boken dedicerad till sig förstås, trots att han i väldigt hög grad lyser med sin frånvaro i berättelsen. Åtminstone under Felicias barndom då han som bäst behövdes. Att han på senare tid, när Felicia blivit vuxen, spelar en ny roll av närvaro förstärker bara frågetecknen.

Men kanske är det just pappans frånvaro som gör honom värdig dedikationen i Felicia Feldts ögon. Att han inte var närvarande med sina åsikter, sina ideal och sina misslyckanden. Inte inför barnens ögon föll igenom och kom till korta när trycket blev för stort. Inte visade upp sina svagheter och svårigheter att vara just den förälder han kanske satt upp som mall för sig. Som han trodde på, beskrev och kämpade med. För i motsats till mamman var han ju inte där och sattes på prov när det körde ihop sig.

Varför fanns han inte där han behövdes? Varför hjälpte han inte Felicia när hon hade det svårt? Varför räddade han henne inte från mamman som enligt framställningen var så knepig? Vem var han egentligen? Och hur kommer det sig att han inte får någon beskrivning, ingen beskyllning och ingen beskällning? Bara denna dedikation. Som om boken vore en förebråelse, en knäpp på näsan, en uppmaning att se det han inte såg då. Att vara det han inte var. En uppgörelse med honom mer än med den mamma som schavotterar i skildringarna av hur hon misslyckades med att leva upp till de ideal hon själv skapat. Att klara upp det enorma åtagande hon givit sig själv som ensam mamma med ambitionen att vara nydanande, både göra karriär och samtidigt leva ett liv.

Vem mamman Anna Wahlgren var råder det däremot ingen tvekan om. Hon lämnade ut både sig själv och barnen i sin ambition att dela med sig av erfarenheter och synpunkter, inte minst vad gällde barnuppfostran. Hennes *Barnaboken* var något av en bibel för en stor mängd föräldrar under en lång tid. Något som visserligen inte behöver betyda att hon hade rätt i allting, och inte heller att hennes barn hade en bra uppväxt, som David Eberhard påpekar i sin bok *Hur barnen tog makten*. En slutsats som Felicia Feldts skrift väl i viss mån ger prov på, åtminstone när det gäller henne själv. Men vem som i det sammanhanget kommer närmast sanningen är omöjligt att veta, menar Eberhard. ”Barn kan tolka skeenden rätt eller fel. Mamman kan ha upplevts som bra för ett av barnen och mindre bra för det andra. Tidsandan kan ha påverkat” fortsätter han och bedömer att tidsepoken det handlar om sannolikt inte är en oväsentlig faktor i bråket mellan mamman och dottern. Vad som påverkar utgången av en enskild uppfostringsmetodik är komplext framhåller Eberhard och ”den som är expert ena dagen riskerar att vara schavotterad nästa. Allt beror på vilken kultur som råder”.

Men vilken kultur som rådde då hon var barn diskuterar inte Felicia Feldt i sin bok. Inte heller gör hon någon analys av en tidsanda där den biologiska pappan kunde vara så frånvarande att han inte ens finns bland de numrerade män hon satt inom parantes. Och kanske beror det på att han istället var en siffra hos något annat barn vars mamma likt Felicias, trodde på möjligheten att leva ett liv inom andra ramar än de som varit gällande dittills. Som kämpade på samma sätt för en fri och jämställd tillvaro, med samma önskan att hitta en partner som kunde möta upp på de grunderna. Kanske var han inte mer än en av flera vandrande parenteser i likhet med de Felicia beskriver i boken. Någon som inte kunde eller ville leva upp till önskemål och förväntningar och som därför också blev en frånvarande pappa. En frånvaro som Felicia skyller på den närvarande mamman, vilket kanske bara är naturligt när ett barn ska handskas med känslan av att vara bortglömd, och med frågan om att vara önskad eller ej. Problemet i det här fallet är bara det att Felicia Feldt inte längre är ett barn. Hon är en vuxen kvinna som själv är mamma och som borde veta bättre.

Ja, som sagt frågetecknen växer. Och med dem sorgen över hur lite som egentligen förändrades trots att så många försökte. För visst var vi några stycken som trodde på föreställningarna om att frihet och jämställdhet var en kamp som måste föras på det privata planet likaväl som politiskt. Som drogs med i strömmen och gjorde våld på oss själva och den uppfostran vi fått, för att istället uppnå något vi trodde var bättre. En kamp som vi idag kan konstatera i vissa fall blev till skada, både för oss själva och för närstående, men som vi trots allt måste försöka betrakta som en del i ett större sammanhang och inte stirra oss blinda på egna eventuella tillkortakommanden.

Alkohol och kreativitet i dagens samhälle.

Dagens IT-samhällen kräver alltmer av kreativitet och uppfinningsrikedom hos innevånarna. Ett faktum som gjort att frågan om det också innebär en risk för ökad konsumtion av olika slags stimulansmedel alltmer dryftas. Särskilt då alkohol eftersom det är så lättillåtkomligt och dessutom sedan länge kopplat till våra föreställningar om kreativitet. Historien är ju full av konstnärer, musiker och författare som mer eller mindre alkoholpåverkade, tecknar eller skriver på bordduken i någon skum utskänkningslokal. En bild som byggts upp i romaner och biografier främst under 18- och 1900-talet, och som trots att de inte alltid överensstämde med verkligheten, ändå fortfarande har en viss position i föreställningsvärlden. Frågan om alkoholkonsumtion och kreativitet kan därför vara på sin plats i den diskussion om alkoholpolitikens effekter, som följt i spåren av harmoniseringen inom EU.

Flera undersökningar har under årens lopp gjorts för att få en någorlunda realistisk bild av hur det egentligen förhåller sig med alkoholens inverkan på den kreativa processen. Ofta i form av enkäter där personer med kreativa arbeten fått besvara frågor om hur de använder alkohol och i så fall hur det påverkar deras kreativitet. En som emellertid gjort mer mätbara undersökningar i en laboratorieliknande situation är Torsten Norlander, numera professor i psykologi vid Karlstads Universitet, och en auktoritet på området. Hans doktorsavhandling från 1997; *Alcohol and the Creative Process* presenterar slutsatserna från flera experiment som visar hur försökspersoner påverkas av alkohol i olika stadier av den kreativa processen

Vad menar man då egentligen med kreativitet kan man undra. Ja, enligt vissa definitioner är det en process i hjärnan som kulminerar i nya idéer - idéer som är nya också för individen själv - och som kan resultera i nya produkter. Kreativitet anses finnas mer eller mindre hos alla människor, men får vissa av oss att skapa storslagna konstverk eller göra vetenskapliga upptäckter och uppfinningar. Hur detta går till vet man inte riktigt men det kan vara en del av hjärnans sätt att skapa ordning i kaos genom en växelverkan mellan medvetande och kunskap.

Enligt Norlander kan kreativiteten delas upp i olika faser: *Förberedelsefasen* då medvetandet ställs inför ett problem/en fråga, *Mognadsfasen* då frågan bearbetas i det undermedvetna, *Idéfasen* då en idé och/eller en lösning "flyter" upp i medvetandet, *Utförandefasen* då idén prövas och bearbetas medvetet och V*ilofasen* då återhämtning sker. En uppdelning som i hög grad överensstämmer med den som utarbetades av Graham Wallas redan 1926.

I de experiment som gjordes av Norlander delades försökspersoner upp i olika testgrupper efter kreativitetsfaserna. Varje fas hade 42 slumpvis utvalda deltagare fördelade på tre grupper (7 män och 7 kvinnor i varje) där en av grupperna under mycket kontrollerade former fick konsumera en liten mängd alkohol, medan de andra fungerade som placebo- respektive kontrollgrupper. Därefter arbetade försökspersonerna med olika former av uppgifter som var anpassade efter var och en av faserna och som i varierande grad gjorde kreativiteten mätbar hos deltagarna.

Testerna analyserades sedan statistiskt och utifrån resultatet har Torsten Norlander dragit slutsatsen att de faser av kreativiteten som sker medvetet dvs

Förberedelsefasen, Utförandefasen och vissa delar av *Idéfasen* blockeras av alkoholintag. Däremot menar han att en måttlig alkoholpåverkan underlättar de faser som försiggår i det undermedvetna: *Mognadsfasen. Vilofasen* och vissa delar av *Idéfasen.*

Några andra forskare som nyligen gjort liknande undersökningar är Andrew Jarosz, Gregory Colflesh och Jenny Wiley vid University of Illinois i Chicago. De samlade 40 män i åldern 20-30 år och delade in dem i två grupper. Deltagarna i den ena gruppen fick dricka vodka vilket gav dem en berusningsgrad motsvarande konsumtionen av två öl, de andra deltagarna drack ingenting. Därefter fick de båda grupperna utföra bland annat ett s k *Remote Associate Test* som går ut på att finna ett fjärde ord relaterat till tre givna (t ex *mynt, snabb, sked*, där det besläktade ordet är *silver*).

Slutresultatet av den undersökningen blev att de påverkade försökspersonerna löste fler problem än kontrollgruppen och dessutom snabbare. Vid en skattning av den egna förmågan att lösa uppgiften upplevde de den mer grundad i en Aha upplevelse, än byggd på insikt och analys. Och forskarna menade att ett test där svaret bygger på att man ska hitta en agent, underlättas av en ökad förmåga att tänka divergerande och diffust. Något som alltså hände med de påverkade deltagarna i motsats till försökspersonerna som inte druckit någon alkohol. Att vara fokuserad kan ibland göra att man inte ser nya möjligheter och kan därför hindra nya kreativa lösningar från att dyka upp menade forskarna. De påverkade försökspersonerna hade däremot sämre resultat på arbetsminnestester vilket var förväntat. Och jämför man de här resultaten med Norlanders skulle man kanske kunna säga att slutsatsen hos Jarosz, Colflesh, Wileys av det genomförda *Remote*

Associate Test motsvarar och bekräftar det som I Norlanders försök händer i *Mognadsfasen* och de delar av *Idéfasen* som underlättas av alkohol, medan arbetsminnestesterna överensstämmer med resultaten i *Utförandefasen* där alkoholen istället blockerar.

I sin doktorsavhandling gör Torsten Norlander en jämförelse mellan sina slutsatser och en SCB-rapport där olika yrkesgruppers förmåga att koppla av arbetet på fritiden, samt eventuella sömnproblem redovisas. I rapporten framgår det att i yrken med krav på kreativitet som hos författare och journalister, är sömnproblem dubbelt så vanliga som hos mekaniker eller metallarbetare. Och svårigheterna att koppla av arbetet på fritiden är tre gånger så stora. Både förmågan att koppla av och att sova hör till den del av det undermedvetna där alkohol underlättar det som försiggår enligt Norlanders undersökning. Rapporten kan alltså ge anledning till oro vad gäller alkoholkonsumtionen. Men man kan också tänka sig att ökade krav på kreativitet kräver större flexibilitet i samhället vad gäller uppdelning av sysselsättningen i arbete och fritid? Kreativa processer följer inte klockan utan pågår i princip oavsett man arbetar, springer i skogen eller dammsuger. Ja även i sömnen, vilket Norlanders experiment också delvis visar. Problemet med bristande förmåga att koppla av och att sova kan då ligga i att tidpunkten när det här ska ske inte passar in i den kreativa processen. Att avbryta det som pågår blir då ett störningsmoment istället för ett tillfälle till vila, något som ordningen och omgivningen kräver men som inte hjärnan är med på. I ett sådant läge kanske alkoholen får hjälpa till att möta det kravet.

Frågan om risken för ökad alkoholkonsumtion ju mer krav på kreativitet som ställs saknar därför inte relevans, men bör ställas mot flexibilitet som förutsättningen för en utveckling av den skaparförmåga som efterfrågas alltmer. Hur ett sådant samhälle ska se ut är en nöt att knäcka, men utlokaliseringar och flexibel arbetstid beräknad per år och inte per dag eller vecka torde vara ett viktigt steg på vägen.

En ny värld.

Följderna av den sjunkande välfärden blir allt mer påfallande när man rör sig i Stockholm. Inte bara för att man i portar och hörn ser alltfler slitna och nedgångna uteliggare omgivna av sitt pick och pack, förvarat i mer eller mindre trasiga och skitiga plastpåsar. Det blir också allt vanligare att någon kommer fram och tigger pengar, både på gatan och i tunnelbanan.

Gemene man tycks i allmänhet må sämre. Att möta någon som pratar högt för sig själv, inbegripen i en konfliktfylld diskussion med någon osynlig följeslagare är nästan vardagsmat. Och då gäller det inte bara dom som för samtal i någon mer eller mindre färgglad mobiltelefon, eller lever sitt liv under ett par stora hörlurar. Nej det som berör är de personer som mår så uppenbart dåligt att samtalet pågår helt utan mottagare.

En sådan ivrig talare var medpassagerare i tunnelbanevagnen jag råkat hamna i på väg hem häromkvällen. En man med ölburk och solglasögon som inför någon jag inte lyckades lokalisera, högljutt propagerade för sin egen förmåga på både det ena och det andra området. För varje station vi passerade blev vagnen allt mer avfolkad, tills jag slutligen befann mig ensam med den storordiga medresenären. Det kändes inte helt behagligt, men eftersom jag inte skulle åka så långt satt jag ändå kvar. Dessutom hade ju mannen ett ”sällskap” som engagerade honom tillräckligt för att jag skulle kunna räkna med att få vara ifred.

Vid Odenplan steg det på en ny passagerare. Det syntes genast att detta också var en medmänniska vars tillvaro inte längre hänger ihop och det gjorde knappt den magra kroppen heller. En darrig hand sträcktes fram och en ihålig röst bad om några kronor. Den livligt samtalande medpassageraren såg genast vad det var fråga om och garderade sig mycket påpassligt genom att visa upp ölburken och förklara att den gjort slut på hans pengar. Han gick själv på socialbidrag förklarade han "och förresten så fick du en krona av mig sist. Det kommer du väl ihåg." Den nyligen påstigna mannen drog genast åt sig handen och steg av vid nästa station.

Återigen var vi ensamma i vagnen, talaren och jag. Han återupptog sitt avbrutna samtal medan jag betraktade honom förundrad. Hur gick det egentligen ihop att vara så omedveten om verkligheten att han förde det intensiva fingerade samtalet, samtidigt som han uppenbarligen ändå var uppmärksam på det som hände omkring honom och genast visste vilken kod han skulle välja för att klara sig ur situationen nyss. Ölburken, "socialbidrag" och "en krona sist" var klart gångbara symboler för att hejda tiggaren, och det visste han. Om hindren överensstämde med verkligheten kände varken den magre eller jag till och kanske inte talaren heller. Men oavsett hur det förhöll sig var han uppenbart oberörd och jag tänkte att nästa gång ska jag också säga "socialbidrag" inför en tiggare.

Men naturligtvis skulle jag inte klara det. Ty även om min egen ekonomi inte precis är strålande har jag svårt att slingra mig ifrån någon som har det sämre och ber om hjälp. Ett moraliskt dilemma som för varje dag blir allt svårare att hantera och som resulterar i att promenaderna på stans gator mer och mer kommit att koncentreras till ett undvikande av konfrontationer där kampen kan stå mellan solidaritet med behövande och nödvändigheten att skydda en egen mager kassa. Varje krona i min portmonnä är nämligen lika oumbärlig för mig som för någon annan, men det kan vara svårt att övertyga sig själv och någon nedgången medmänniska om det. Det vet jag efter att ha försökt med resultatet att personen jag vädjade till fullkomligt vrålade: ”men jag då! Tänk på mig för faen!”

Sådana utbrott är mer än de flesta av oss står ut med och frågan är om valet till sist blir att tvingas blunda för eländet eller låsa in sig. Hur långt kan det i själva verket gå innan likgiltigheten tar över, då vi inte längre orkar bry oss om dem som inte lyckas hänga med när tiderna blir allt kärvare.

En som på allvar tagit upp den här frågan till debatt är Bo Rothstein, professor i statsvetenskap vid Göteborgs Universitet. Han förordar ett förbud mot att ge pengar till dom som tigger, då han menar att allmosor inte är lösningen på tiggarnas sociala problem. Ett förbud skulle enligt Rothstein istället tvinga fram nödvändiga strukturella stödinsatser från stat och/eller kommun för att göra något åt den utsatta gruppens situation. Allmosor bidrar endast till en annan människas sociala underordning och förnedring poängterar Bo Rothstein, och löser inga svårigheter i längden.

Midsommar igen.

För inte alls längesedan tycks det, skrev jag kåserier om midsommarfirandet och fokuserade på det genomgående misslyckandet att följa alla traditioner runt denna helg. I mitt tycke blev missarna till och med mer tradition än traditionen själv, och därför ansåg jag att de borde få ge namn åt helgen så att den istället skulle kallas Missommar.

Jag kåserade om den lövade skrindan som med punktering tog oss till festplatsen, för att vi där skulle vara med och resa midsommarstång och skutta runt som små grodor. Och jag skrev om regnet och de viktiga ingredienserna till midsommarbordet som blivit bortglömda på inköpslistan mm. Att allt skulle gå riktigt till var ambitionen hos mina barnbarns föräldrar och deras vänner som alla kämpade lika tappert med att grundlägga minnesskapande traditioner hos sina telningar. Det som de själva tyckte sig ha gått miste om som barn till den generation vilken formades av 1968 års proteströrelser. Traditioner som det nu blivit viktigt för dom att istället bygga upp hos sina egna barn. Och trots mitt 68-motstånd deltog jag i egenskap av både mormor och farmor lite vankelmodigt i det här traditionsbyggandet, för att på så vis få vara tillsammans med barn och barnbarn. Samtidigt kunde jag unna mig lyxen att skriva ironiska kåserier om hela tillställningen, som sedan publicerades i DN.

Nåväl det här var några år sedan och nu är barnbarnen själva vuxna och har sina egna traditioner som inte helt följer det föräldrarna försökte grundlägga den gången. Istället för traktor och lövad skrinda till festplatsen i Täby Kyrkby, bär det nu av i nyputsade bilar tillsammans med kompisar på färjan till Gotland.

Potatisgratängen som fordom glömdes i en trapp-uppgång på Kungsholmen och sedan på slingriga vägar tog sig till festbordet, är utbytt mot noggrant stuvade ölbackar utan minsta risk att bli kvarglömda. Och sillen och brännvinet föräldrarna ägnade så mycket knasiga visor åt att få i sig, medan barnen mumsade varmkorv i regnet under den uppspända presenningen vid torpet Mossen, har ersatts av mashmellows värmda över engångsgrillen. Eller också blir det vegetarisk kost förtärd utanför ett tält på Gålö, dit några av de andra barnbarnen åkt. Ett tält som förresten påminner om en grekisk kupolkyrka och är nästan lika stort, jämfört med den älskade Fjällräven-bivack som gällde på mormors tid. Och något stormkök eller Varma Koppen som ingick i den utrustningen är inte aktuellt längre. Allt som behövs kan man numera få på restaurangen vid camping-platsen, och huvudsaken är ändå att kompisarna och gitarren är med.

Föräldrarna som en gång kämpade så intensivt för att bemästra missarna i midsommarfirandet, och grund-lägga traditionerna de tyckte var så viktiga för barnen, ser sig nu utlämnade till varandra och en eventuell tur med husbilen. Och istället för festplats med mid-sommarstång och dans försöker de hitta någon fridfull plätt i Guds fria natur så långt från allt ståhej som möjligt, där de kan njuta av lugnet och stillheten.

Mormodern som med så ironisk och distanserad blick motsträvigt deltog i 90-talets traditionsrenässans, tillbringar helgen med att ta hand om barnbarnens hund. Och för att få en känsla av fest och högtid lövar hon cykelkärran och trampar med den kära vovven däri, till festplatsen för att titta på majstångsresningen och le åt barnen som med sina föräldrar och gamlingar, ihärdigt hoppar runt i de eviga små grodornas dans.

GENERNA, FORSKNINGEN och SLÄKTEN

Svart, vitt eller något mittemellan.

Den västerländska kulturen har en tendens att se allt för mycket i antingen svart eller vitt och glömma färgskalan däremellan. Det kan finnas olika teorier om anledningen till detta som jag inte tänker gå in på här. Däremot vill jag gärna fundera lite över följderna, ty vad vi än håller på med tycks det här perspektivet förfölja oss. Det må sedan vara fråga om vår inställning till handikapp, invandring, sexuellt ”avvikande”, arbetslöshet, krig och fred eller det som jag just nu tänker på; gener.

På senare år har det mesta nämligen handlat om just gener i tidningsartiklar, föreläsningar och uttalanden. Frågan man då ställer sig med tanke på ovanstående är om det idag finns en övertro på genetiken som alltings förklaring och lösning. Samma övertro som för inte så länge sedan gällde de sociala sammanhangens allenarådande position för tolkning av allt mänskligt. Och misstanken uppstår att man återigen hamnat i samma fälla av antingen eller som då. Något vars följder kanske i så fall är värda att fundera en del över.

För visst är det bra att vi hittar gener som löser mysteriet med både det ena det andra. Och självklart ska vi med hjälp av kunskaperna förhindra mänskligt lidande där detta är möjligt och rimligt. Men nog kan det också i vissa fall betyda att vi förkastar alternativ som kan kompensera det som eventuellt fattas i den genetiska utrustningen. Att vi förlorar oss i vetenskaplig mekanik och glömmer att människan är en produkt inte enbart av sina arvsanlag, utan också av erfarenheter utvecklade i ett socialt sammanhang. För med kunskap om arvsanlagen kan man visserligen förutse en del, men erfarenheter måste också göras och ställas i relation till förutsättningarna för att en riktig utvärdering ska kunna ske.

Det finns också en risk att vi ser allt det som inte kan förklaras som avvikelser - fel vi måste rätta till istället för att låta det vara variationer som berikar. Variationer på det "naturliga" som vi i vissa fall framkallar hos både djur och växter genom genmanipulation och som vi då accepterar därför att de medför något positivt för oss, som rikare skördar, större biffkor etc. Varför kan inte mänskliga avvikelser då också få vara positiva så länge de inte leder till skada för andra?

Varför måste t ex homosexualitet vara en inkonsekvens vars förklaring ska sökas i generna? Kan det inte lika gärna vara en naturlig variation som finns i mer eller mindre grad hos oss alla. Som vi har sopat under mattan med hjälp av kulturella föreställningar om vad som är normalt eller onormalt. Föreställningar som inte funnits i flera s k primitiva kulturer där olika former av homosexualitet visat sig ingå som en naturlig del i levnadssättet. Exempelvis genom samkönade förbindelser hos Marind Anim på Nya Guinea, Nuer i Dahomey och befolkningen i Siwah Oasen i Västra Egypten. Något som väl inte betyder att människorna i dessa kulturer haft gener som är annorlunda än våra. En fråga som också gäller transvestiterna, de s k *berdache* som förekom bland ursprungsbefolkningen i Nord Amerika. Vittnesbörd som bekräftar att kön inte är något entydigt antingen eller utan kan ha så oändligt mycket mer varianter än vi vill se.

Kan det kanske till och med vara så att vi i ambitionen att rätta till det som avviker bygger upp en rädsla eller rentav ett förakt för det annorlunda som leder till särbehandling och utanförskap i ett samhälle som inte fungerar för andra än de "perfekta". Där slutsatserna om bristande möjlighet till ”normalt” liv för en person med det vi betraktar som ett handikapp utesluter chansen att ens få försöka. Där istället hjälpmedel av olika slag ska rätta till avvikelsen och göra funktionen så lik det vi anser normalt som möjligt. Och det i utbyte mot möjlighet för den handikappade att finna egna utvägar där syftet är funktion, oavsett hur det går till. Något som Lars Mullback, själv cp-skadad filmare och författare, arbetat mycket med att få genomslag för bland annat när det gäller behandlingen av cp-skadade barn. Missar vi inte rentav tillfällen till kreativa alternativ här?

Inbegriper inte detta också en stor fråga om hur vi bäst använder resurser? Den möda som läggs ned på vissa delar av genetisk forskning där användningsområdet trots allt är begränsat, kanske skulle vara till större nytta någon annanstans. Kanske rentav i en helt annan del av världen än vår. För nog känns det ur flera synvinklar lite smått att fokusera på genmanipulatoriska möjligheter för att hindra lidande bland några få, samtidigt som miljoner människor lider runtomkring oss i världen. Lider och dör av brister så påtagliga som vatten, mat, grundläggande medicinsk vård, bostäder och fred. Och nog känns det maktlöst att inte kunna finna utvägar för att stoppa sådant elände när vi har så mycket kunskaper, resurser och möjligheter. Kunskaper som borde ge oss viljan att motarbeta en utveckling där livet ter sig svart på vissa platser av jordklotet och vitt på andra!

Är inte detta något vi borde ta oss en rejäl funderare på innan vi stirrar oss blinda på substanser som inte ens syns med blotta ögat?

Genmanipulation eller manipulerad genteori?

Vad är det egentligen i generna som styr mäns och kvinnors förhållande till varandra, kan man undra. Efter att ha läst Nils Uddenbergs synvinkel, för ett par veckor sedan och nu Lena Carlssons artikel *Genfällan,* blir man inte riktigt klok på den saken.

Med utgångspunkt i Luthers eventuellt hemliga drömmar om ett harem, diskuterar Uddenberg könens reproduktiva strategier och menar att människohannen bär på ett arv från släktets polygyna förflutna, vilket innebär att han sexuellt tänder lättast på okända kvinnor. Detta överensstämmer i sin tur med det faktum att mannen, biologiskt sett, kan sprida sina gener mest effektivt genom att befrukta så många kvinnor som möjligt.

Carlsson utgår från Robert Wrights bok om Darwin och den syn på kvinnan som madonna eller hora vilken han menar har en genetisk bas. Mannen testar kvinnan för att se om han ska våga lita på att hennes framtida barn är hans. Låter hon sig förföras för lätt placerar han henne i kategorin horor och drar snabbt vidare för att söka en mer pålitlig kvinna.

Enligt både Uddenbergs och Carlssons resonemang är kvinnan genetiskt disponerad för att främst efterfråga mannens engagemang och hans beredvillighet att investera i barnen och henne. Hon tänder av det skälet inte så lätt på främmande män och låter sig inte heller förföras för snabbt.

Hos kvinnorna tycks alltså generna vilja detsamma oberoende av hur mannens genetiska bas ser ut och oavsett forskningsteori. För henne gäller en enda engagerad och befruktningsberedd man, medan hon i sin tur ur mannens synvinkel är utbytbar i båda resonemangen. Hos Uddenbergs man är alternativet ett harem eller så många kvinnor som möjligt, medan mannen i Carlssons artikel alternerar mellan horan och madonnan.

Är det inte något lurt med det här resonemanget? Nog borde det väl rimligtvis vara så att kvinnan och mannen generellt sett speglar varandra genetiskt. Någonstans måste de ju kunna komma överens om det ska bli någonting! Och hur ser föresten en horas gener ut jämfört med madonnans? Carlsson påpekar att våra forna kvinnliga släktingar kanske inte var så trogna, men det tycks enbart ha givit mannen skäl att vara misstänksam, inte haft någon genetisk förklaring värd att tala om. Ett beteende hos kvinnan som föresten den moderna liberala synen på sex i viss mån återuppväckt och som enligt Wright skulle kunna vara orsaken till att hon idag förlorat en del i respekt. Något som Carlsson också håller för troligt med tanke på det ökande sexuella våldet mot kvinnor.

Både Uddenberg och Carlsson förankrar resonemangen i genetiska förklaringar, men man frågar sig hur de underliggande strukturella faktorerna ser ut. Varför är det t ex så viktigt för mannen att veta att de barn kvinnan föder är hans? Är han tillräckligt ihärdig sprids ju hans gener oavsett den vetskapen. Jo, det hänger naturligtvis samman med materiellt ägande och arv. Där släktskap och arvsrätt räknas på manssidan är det viktigt att vara säker på att egendomarna hamnar rätt. Mannen måste alltså av det skälet ha kontroll över kvinnans sexualdrift. Det kan ske med hjälp av ren vakthållning, men det är inte alltid så praktiskt, därför markerar man istället det icke önskvärda beteendet hos kvinnan med ett skambegrepp; **hora**. Att bete sig som en hora betyder då skam och förlorad heder vilket kan innebära uteslutning ur gemenskapen, ingen bostad och ingen mat. Ett effektivt kontrollsystem med andra ord, av den som vill överleva. I dagens samhälle är möjligheterna till överlevnad för en ensam kvinna större, skammen är alltså inte lika socialt förödande och det sexuella beteendet blir friare vilket då istället bestraffas med sexuellt våld.

I samhällen där man räknar släktskap på morssidan har det inte lika stor betydelse för mannen att de barn kvinnan föder verkligen är hans. Där kanske mannen inte ens bor tillsammans med sin kvinna, utan kommer på morgonen och utför en del arbetsuppgifter samt återvänder på kvällen till sin mors bostad. Under sådana förhållanden kan han inte utöva någon kontroll och det tjänar inte heller något syfte.

De få eventuellt återstående samhällen där det inte finns något privat ägande överhuvudtaget saknar också den här typen av kontroll. Där kan det istället vara ett incesttabu som anses viktigt att bevaka.

Jag frågar mig om man överhuvudtaget kan bortse från faktorer av det här slaget när man talar om skälen till mäns och kvinnors beteende gentemot varandra. Att vi, som Carlsson skriver, gör vad som helst för att göra ett gott intryck och vinna status kan mycket väl ligga i våra gener, men **vad** som är ett gott intryck och status hänger samman med den samhällsstruktur som vi lever i och med dess värderingar. Sedan kan vi ha rester kvar från ett polygynt förflutet eller andra forna livsformer som stökar till det lite extra för oss, men attraktionskraften gentemot det motsatta könet ökar vi här och nu, med de medel som står till buds för ögonblicket.

Resonemanget i artiklarna är med andra ord lika förrädiskt som Roy Lichtensteins parafras på serieteckningar, vilket också mycket träffsäkert fick illustrera det.•

• Den här texten publicerades på DNs vetenskapssida 1996 och bygger på en presentation av Robert Wrights bok *The Moral Animal* gjord av Lena Carlsson, och en så kallad *Synvinkel* av Nils Uddenberg, där de resonerar kring människans reproduktiva strategier. Är de genetiskt betingade eller arv från ett polygynt förflutet hos människohanen, undrar de?

Var finns egentligen de farliga prionerna?*

En av 1800-talets föreställningar var att samhället och dess innevånare genomgick olika på varandra följande utvecklingsstadier från primitiva till allt mer sofistikerade levnadsformer. På denna evolutionistiska skala utgjorde England och dess medelklass förebilden för den slutgiltiga förfining människan kunde uppnå. En tanke som idag, då galna kosjukan härjar, får en nästan tragikomisk verkan. Detta förstärks när paralleller dras mellan kosjukan och riterna hos ett av de "primitiva" folk, i det här fallet Forefolket på Nya Guinea, som utgjorde vad forskarna såg som den andra polen på den evolutionistiska skalan.

Parallellen gjordes i en av våra dagstidningar, där galna kosjukans prioner och det sätt på vilket deras egenskaper sprids, också jämfördes med politiska opinioner och de "darrningar" som Göran Perssons (eller Carl Bildts) tankar tycks fortplanta. Detta kunde i förstone förefalla långsökt men vid närmare eftertanke kanske liknelsen ändå inte är helt galen, ty att döma av SIFOs senaste undersökningar tycks "prionen" i

---

*Den här texten publicerades på DNs vetenskapssida 1996.
Prioner är en sorts kroppseget protein som finns hos både människor och djur. Av okänd anledning förändras det ibland och angriper hjärnan så att hjärnvävnaden får ett tvättsvampsliknande utseende. Galna kosjukan är följden av en sådan förändring. Den härjade för tjugo år sedan i Storbritannien efter att man matat nötkreatur med fodermjöl, som bland annat gjordes på resterna av självdöda kossor. Sjukan spreds till hundratusentals brittiska nötkreatur och hela Storbritanniens besättning av nötkreatur fick nödslaktas, och nya djur köpas in från annat håll. Det ledde till ett förbud mot att använda kött och benmjöl i djurfoder.
Ungefär ett par hundra människor har avlidit i Creutzfeldt-Jakobs sjukdom som är den mänskliga formen av galna kosjukan.

det här fallet ha gjort intryck och man kan ana dess tvättsvampsliknande utbredning.

Politik är i hög grad svar på människans behov av riter, och uppfinningsförmågan rörande ritualer som på ett eller annat sätt får förödande konsekvenser tycks vara outtömlig. Det gäller inte bara folkgrupper som Forefolket i Nya Guineas djungel, vars rituella kannibalism anses ha givit upphov till den dödliga sjukdom de själva kallade *darrningar*. Det gäller även vår s k civiliserade värld där smittan som drabbat kor och i några fall även människor, har sin grund i den marknadsrit som ibland kallas "dansen runt guldkalven". Forefolkets kannibalism hade trots allt ett humanistiskt motiv i önskan om närhet till de anhöriga som avlidit och viljan att säkra deras fortlevnad genom att helt enkelt äta upp dom. I marknadsriten finns ingen annan önskan än att tjäna så mycket som möjligt på så låg insats som möjligt, vilket tycks legitimera vilka manipulationer som helst. Se bara på den Belgiska Monstertjuren.

Manipulation är en av maktens galna riter. En annan är försvaret vars ödeläggande "svampar" vi har sett breda ut sig åtskilliga gånger. Vad är de krigshandlingar som pågår idag annat än resultatet av en galen sjuka. Gärningar som de vilka exempelvis begåtts i f d Jugoslavien, och som kan ställas i relation till en annan s k primitiv folkgrupp på Nya Guinea, Marind Anim, där männen, förutom huvudjakt på grannfolken också ägnade sig åt rituella gruppvåldtäkter av de egna kvinnorna. Något som hade till följd att gruppen nästan utrotades av könssjukdomar. Hos Marind Anim demonstrerade männen på detta sätt sitt oberoende och dessutom hade man föreställningen att den sammanblandning av sperma som skedde genom riten, ökade fertiliteten. I före detta Jugoslavien tycks man inte ha haft några föreställningar alls när man begick liknande handlingar.*

En galen värld med en galen sjuka där vi med andra ord inte tycks ha kommit särskilt långt på evolutionens utvecklingsskala. Det enda vi möjligen har uppnått vad gäller sofistikering verkar vara ett allt sinnrikare system för spridning av våra galenskaper, och kanske är det så att den tidsinställda bomb i form av farliga prioner, som man befarar kan dölja sig i djurorgan, i själva verket finns inom oss själva. Då hjälper det föga att kasta alla Englands kossor på sophögen.

---

* Syftar på den serie av krig och väpnade konflikter som pågick under åren 1991–1999 inom det område som tidigare var Jugoslavien. Våldtäkt av kvinnorna ingick som en del i krigföringen.

Genvägar är senvägar.

På Nationalmuseum kan man i en utställning byta ansikte, något som får mig att tänka på dagens vetenskapsdebatt. Bytet går till så att man tittar in i en liten låda täckt av en glasskiva innanför vilken det finns ett upplyst skulpterat ansikte i naturlig storlek. Glasskivan speglar tittaren men det starkt belysta ansiktet innanför tar över och ersätter de egna anletsdragen medan håret och kläderna förblir desamma. På så sätt kan man förflytta sig från låda till låda och ena stunden ha ett långsmalt ansikte, nästa gång ett brett, bli svart Afrikan eller få asiatiska drag o s v. Därigenom kan man se sig själv som *Främlingen*, vilket är namnet på den pågående utställningen•.

Det är en annan sorts genväg till förvandling än den som modern genforskning förespråkar och jag önskar att sådana här lådor skulle finnas tillgängliga för forskarna i varje genmanipulatoriskt laboratorium. Det skulle räcka med två; en för Doktor Jekyll och en för Mr Hyde. Kanske kunde man tänka sig en tredje med Frankenstein. Ty lika absurda som dessa gestalter ur fiktionens värld tycker jag ofta dagens diskussioner kring molekylärgenetik har blivit.

Det senaste inslaget i ämnet kom från Hugo Lagercrantz som i en artikel berättade om den judiska Lubavitcher-rörelsen vilken tagit gentekniken till hjälp för att lösa problemet med utbredningen av Tay-Sachs sjukdom bland sektens medlemmar. Via en databank skulle man efter tester av sektens tonårsmedlemmar i framtiden kunna styra parbildning så att

• Utställningen visades på Nationalmuseet i Stockholm 1996

personer som bär på anlagen för den här sjukdomen kan avrådas från giftermål.

Det anmärkningsvärda med den här historien var inte att Lubavitcher-rörelsen i begränsad skala vill använda genteknik för att undvika enskilda tragedier. Nej det fantastiska var att Lagercrantz avslutade sin artikel med frågan om man i framtiden skulle kunna tänka sig en mer allmän tillämpning av den här praktiken. Vilket par som helst skulle då kunna ta reda på om de bär på anlag som gör att deras eventuella barn riskerar någon av de c:a 4000 genetiska sjukdomar som sägs finnas. Det skulle ”tvinga oss alla att ta ställning till om föräldraansvaret också handlar om vilket biologiskt arv vi för vidare”.

Hugo Lagercrantz är barnläkare och jag förstår att han gärna skulle vilja förhindra allt som kan leda till att barn drabbas på ett eller annat vis. Men med en utgångspunkt som den ovan citerade undrar jag om någon överhuvudtaget skulle vilja föda barn i framtiden, eller ens våga söka sig en partner. Kanske vore den bästa lösningen att vi istället slutar reproducera oss den naturliga vägen och ersätter barnen med robotar? Robotbarn som är programmerade precis så som vi vill ha dom, utan skavanker, gulliga, snygga, prydliga och väluppfostrade. De skulle kunna sitta stilla i soffan på söndagarna, med rena kläder och lackskor, utan att föräldrarna behövde muta med godis, dataspel och filmer. Ha ett perfekt bordskick och vara potttränade redan från början så mamma och pappa inte behöver tvista om vem som ska byta blöjorna. Handikapp skulle kunna avskaffas och en hel del andra problem också, såsom tonårstrots, ungdomsbrottslighet, ungdomsarbetslöshet med mera.

Den naturliga utvecklingen skulle ju ändå gå vidare i den stora del av världen som överhuvudtaget inte är närvarande i föreställningarna hos våra fantastiska framtidsvisionärer. Den s k tredje världen som ju på så sätt skulle kunna fungera som kontrollgrupp. Där kan man nämligen inte unna sig lyxen att välja bort skavanker. Inte heller förebygga de vanligaste barnsjukdomarna eller få botemedel när de bryter ut. Man har inte ens råd att begränsa antalet barn fastän man mycket väl inser att bristen på resurser kräver detta, och trots att man vet hur barnbegränsning går till. Det har man nämligen lärt sig av vita biståndsarbetare som vinkar med kondomer – kondomer tillverkade i biståndslandet och som kostar majsmjöl tillräckligt för en månads försörjning av den familj som bara ökar.

Dessa delar av världen skulle väl även i fortsättningen få utgöra exemplet på vårt ursprung, kan man tänka. Afrika, allas vår urmoder som kämpar vidare med den knappa överlevnaden, alltmedan i-världen förfinar de genetiska metoderna för att manipulera sig uppåt på evolutionsskalan.

Och tankarna går osökt till den by i södra Afrika där jag för några år sedan tillbringade en tid med uppgift att studera ett ganska nytt museum och dess roll i det omgivande samhället. Det var en vacker plats med byns hyddor utspridda längs sluttningen på en högplatå som sänkte sig ned mot det vida slättlandet kring Zambezifloden och som sträckte sig så långt ögat förmådde nå. Här och där betade hjordar av bredhornade kor och över alltsammans kupade sig en blå himmel som på kvällen färgades röd då den glödande solen smög sig ned i floden långt därborta. Allt detta kunde man njuta av från museet som förresten också var en skönhet, byggd i lokal stil och med stråtak.

Detta tillsammans med människornas leenden och de glada tillropen som mötte mig då jag rörde mig i byn, gjorde att jag till en början inte såg något annat än det där vackra. Ganska snart blev jag dock medveten om hur byns invånare på alla plan kämpade med överlevnaden, både vad gällde mat för dagen, skydd för natten och medel att klara de sjukdomar de råkade ut för. Museets lokala personal led nästan samtliga av malaria som drabbade någon av dem med jämna mellanrum. Mediciner mot attackerna fanns i princip att köpa på apoteket i den närmaste staden, men ingen hade råd att betala vad de kostade eller ens ta bussen dit in. Den nedgångna lokala medicinkliniken led ständigt av brist på det mesta, inklusive både mediciner och injektionssprutor och då någon blev allvarligt sjuk hann ofta livet överge den tunna kroppen innan ens en transport kunde ordnas till det överfyllda sjukhuset i provinshuvudstaden.

Allteftersom insikten om dessa förhållanden blev större växte känslan av att jag bevittnade något väldigt sorgligt och samtidigt mycket paradoxalt. Museet, som inte låg långt från den medicinska kliniken, var byggt med hjälp av västerländska biståndsmedel och experthjälp. Det var tekniskt utmärkt inrett med välutrustade verkstäder och ett tempererat lagringsutrymme för de föremål som samlades in i området. Det höll med andra ord mycket god västerländsk museistandard och skulle förmodligen godkännas av vilken europisk museitjänsteman som helst. Och när jag tittade närmare på den lokala medicinkliniken bredvid, insåg jag att föremålen i det där tempererade lagringsutrymmet på museet hade bättre villkor än patienterna som låg intagna för vård. Kliniken var inte mycket mer än ett vindskydd där de sjuka låg för öppen ridå bristfälligt skyddade mot väder och vind.

Den dagen mörknade himlen över slättlandet och den vackra solnedgången skymdes av insikt. Och när jag läser Hugo Lagerantz artikel undrar jag om inte det naturvetenskapliga forskarsamhället också behöver vidga synfältet och se ut över en Afrikansk savann. Lyfta blicken från provrören och inrikta den på hur de kunskaper som redan finns, bäst ska användas för att komma så många som möjligt till del, istället för att låta sig förblindas av sinnrika genetiska lösningar vars cynism ibland överträffar förståndet. Varsebli den värld dit inte ens tanken på gentekniska tester och förebyggande dataregistreringar når. Och inse att genvägar är resurskrävande senvägar till rimligare livsvillkor också för den del av jordens befolkning, som inte råkar ha blivit född på ”rätt” kontinent. De mänskliga släktingar som vi kan skymta i National-museets utställningslådor och kalla främlingar.

Vem ska granska forskningen?

Inför de moraliska problem som den nya naturvetenskapliga forskningen producerar, skriver Birgitta Forsman i en artikel (SvD 20/7-97) om etikerns dilemma, att *rädsla urholkar själen*. Och jag tänker på Fassbinders film med det uttrycket som titel och som ännu långt efter att den gjordes, gnager likt en tagg i hjärtat. Filmen var en illustration av främlingskap i det etablerade samhället med dess brist på vilja och förmåga att tolerera relationen mellan en äldre västeuropeisk helt vanlig kvinna och en ung arabisk invandrare. Jag vet inte hur pass avsiktligt provocerande Birgitta Forsman är med att använda den titeln i sin artikel, men de relationer hon föreslår mellan olika discipliner och funktioner inom vetenskap och humaniora, tycks mig nästan lika svåra att etablera som förhållandet mellan kvinnan och mannen i Fassbinders film. Och av liknande skäl, nämligen misstänksamhet, ovilja, rädsla och kamp för överlevnad i det etablerade systemet.

Forsman ställer nämligen frågan ”varför är humanisterna inte med och diskuterar molekylärbiologi”? Och det undrar jag också men har tyvärr samtidigt, som samhällsvetare och skribent, ett svar att ge. Jo, för att vi avfärdas som okunniga på området och vårt eventuella ifrågasättande betraktas som kunskapsfientligt! Och detta trots att vi själva strävar efter kunskap i lika hög grad som naturvetarna, om än på andra områden. De gånger jag själv skrivit artiklar och synvinklar på naturvetenskaplig forskning som t ex gendiagnostik och genmanipulation, har det många gånger blivit bemött med tystnad eller också avfärdats som just kunskapsfientlighet. Jag har exempelvis ifrågasatt storleken på de resurser som satsas på det gigantiska forskningsprojektet HUGO vilket kartlägger människans gener, och ställt de resurserna och kapaciteten projektet genererar i relation till problemet med världssvälten. Frågan är nämligen hur stor del av världens befolkning som över huvud taget under överskådlig framtid kommer att få tillgång till och nytta av de kunskaper HUGO frambringar. Som svar på det inlägget fick jag en lektion om grundforskningens betydelse, och upplysningen att även penicillinet på sin tid ifrågasattes, samt förklaringen att fattigdom och svält är politiska problem. Som om vi humanister inte skulle veta vad grundforskning betyder. Och för övrigt är prioriteringar på forskningens område också politik! Vad beträffar penicillinet är ju även det ett av våra stora problem idag. Trots nyttan!

Att över huvudtaget komma till tals på tidningarnas vetenskapssidor är förvisso inte helt lätt för humanister och samhällsvetare. Utrymmet är ju uppenbarligen reserverat för naturvetenskap som av gammal hävd är det som räknas som "riktig" vetenskap, där kriteriet repeterbara och kontrollerbara experiment, helst i ett laboratorium, är det som gäller. Åtminstone för naturvetarna själva. Att få vara med och diskutera molekylärbiologi eller liknande ämnen kräver följaktligen ett så stort tålamod och så mycket kämparanda att humanisten till sist ger upp för att istället ägna tiden och kraften till egen forskning och/eller överlevnad. De korporativa strukturerna med dess möjligheter till forskningsuppdrag och resurser där Forsman talar om att ingen vill göra bort sig, gäller ju oss alla.

Journalisterna då? Hur är det med dom? Skulle inte de kunna ta på sig en mer kritisk roll undrar Forsman. Och även Eva Moberg har kommit med det förslaget i en artikel för *Ordfront Magasin* (nr 2 1997) där hon efterlyser en större kritisk granskning och ett ifrågasättande av den naturvetenskapliga forskningen, framförallt från vetenskapsjournalisternas sida. Och ja visst vore det kanske önskvärt, men där finns väl också problem både när det gäller korporativa och sociala strukturer likaväl som specialiserade kunskaper. Jag föreställer mig att man som vetenskapsjournalist är ganska beroende av forskarens välvilja för att över huvud taget få inblick i pågående arbeten och tillgång till några som helst resultat. Det innebär i sin tur att man inte får ha en alltför kritisk hållning och antagligen inte heller vara socialt omöjlig, om man ska få vara med i korporativet. Därmed vill jag inte påstå att journalisten tvingas gå forskarnas ärenden utan enbart peka på en möjlig problematik. Efter vad jag har förstått dras också etablerade vetenskapsjournalister mer eller mindre in i forskningsprojekt som skribenter och redaktörer för antologier eller som ledare av seminarier och konferenser. Det måste ju innebära att journalisten hamnar i samma dilemma i förhållande till forskarna som det Forsman beskriver gäller etikern, nämligen ”den sociala närheten lägger band på kritiken”.

Som kritisk granskare och ifrågasättare av en specifik forskning måste ju också vetenskapsjournalistens kunskaper kunna sättas ifråga likaväl som humanistens. Och är det överhuvudtaget möjligt att som journalist ha en tillräckligt ingående kännedom om och vara insatt i en och samma disciplin? En vetenskapsjournalist skriver ju ofta om en mängd skilda ämnen där hon/han är mer eller mindre väl orienterad. Att vara kritiskt granskande kräver dock specialisering, något som i sin tur återigen skulle göra journalisten till en del av den verksamhet som ska granskas. Det skulle med all säkerhet också ha en negativ inverkan på vetenskapsjournalistens förmåga att som en utanförstående betraktare överbringa insikter till en mindre initierad allmänhet. Och är det verkligen önskvärt? Är det inte viktigt att journalisten faktiskt är och förblir den förmedlande länken, som på ett begripligt, "populärt" sätt vidarebefordrar berättelsen om vad forskarna håller på med? Och som därigenom väcker intresse och ger insikter även på mycket svårtillgängliga områden.

Men om nu inte vetenskapsjournalisterna kan ta på sig en större del av den granskande och kritiska rollen vem ska då "avmystifiera forskningen" som Moberg uttrycker det? Ja det måste nog forskarna själva göra genom att gå ut och tala om sin verksamhet och ställa upp på att öppet debattera både sin och andras forskning. En självklar skyldighet kan man tycka, för uppgifter som sker i människans och samhällets tjänst och med hjälp av våra gemensamma resurser, men något det uppenbarligen råder delade meningar om. En förutsättning är dock att forskaren har en arbetssituation som möjliggör detta och som tillåter henne/honom att ha personliga åsikter om sin forskning. Och där kanske det ligger en del i det James Lovelock undrar över i sin bok *The Ages of Gaia*, nämligen frågan ”var kan man idag finna den oberoende vetenskapsmannen”. De flesta forskare är anställda av stora organisationer, statliga institutioner och multinationella företag och har bytt möjligheten att tänka fritt mot goda arbetsvillkor, stadig inkomst och pension, menar Lovelock. Något som naturligtvis bidrar till bristen på insyn och möjlig kritisk granskning. Mycket värdefull forskning sker också i mer eller mindre privat stiftelseform där forskningsresultaten presenteras och debatteras vid konferenser och seminarier som är så påkostade att ingen vanlig människa eller fristående forskare har råd med deltagaravgiften.

Samtidigt som "det blir allt viktigare att få tillgång till oberoende vetenskaplig information" vilket Per-Erik

Sundgren framhåller i artikeln om vem vi forskar för (SvD 2/8-97), blir det alltså allt svårare. Desto angelägnare är det då att en diskussion upprätthålls om den pågående forskningen. Men för att en sådan ska vara möjligt måste ändå grundförutsättningen vara att man går varandra tillmötes och inte avfärdar synpunkter av kritiskt eller ifrågasättande slag som okunnighet eller kunskapsfientlighet.

Utbyte mellan olika världar kräver alltid ett rikt mått av vidsynthet och ömsesidig respekt och där kan man väl undra om inte t o m Birgitta Forsman, docent i vetenskapsteori och forskningsetik, lider av den egna disciplinens skygglappar, trots hennes i övrigt mycket insiktsfulla artikel. Åtminstone får man det intrycket när hon beträffande konstnären som etisk kompass ifrågasätter tillförlitligheten i dennes intuition och entusiasm med slutsatsen: "det behövs kanske mer systematiska intellekt för att klara av situationen". Då frågar man sig om Forsman verkligen kan önska sig något mer systematiskt tänkande än det som exempelvis tonsättaren Arnold Schönberg ger prov på med sin tolvtonsteknik, konstnären Georges Seurats med färgtonskalan i sin pointillism eller formspråkets genomförande hos Jugendepokens konstnärer, inklusive deras efterföljares allkonstverk. Bara för att nämna några. Med andra ord; systematik saknas lika lite i det konstnärliga intellektet, som intuition och entusiasm hos filosofen, vetenskapsteoretikern, naturvetaren eller samhällsvetaren.

Det gäller bara att inte låta rädslan urholka själen och viljan att mötas.

Etniska grupper och många kulturer.

Att Kajsa Ekholm Friedman, professor i antropologi vid Lunds Universitet*, vill medverka till en öppen debatt om invandringspolitiken, samt oron och problemen kring denna, är värt all respekt. Ändå grips man av förvirring inför hennes debattinlägg i DN (12/5 1997) och undrar vad hon egentligen menar och hur hon bland annat definierar etniska grupper och etnicitet. Någon form av precisering saknas i inlägget och det är nog viktigt att en sådan tillförs debatten, för att klargöra vad det är vi talar om. En definition jag själv använt vid studiet av etnisk nationalism hos de fransktalande kanadensarna i Quebec-provinsen kan då kanske vara till hjälp i modifierad form. Det skulle innebära att man till en **etnisk grupp** räknar personer som *identifierar sig själva och ses av andra som en grupp, har gemensamt ursprung, vissa kulturella och sociala särdrag i förhållande till andra grupper och i någon grad är självreproducerande*. En viss **etnicitet** skulle då finnas hos den som *definierar sig själv på det här viset och beter sig i enlighet med det för gruppen gällande sociokulturella mönstret.*

Om man med en sådan definition tittar närmare på vad Friedman skriver förefaller det mig som om hon blandar ihop etnicitet och makt. Hon säger att mångetnicitet är förödande för den sociala solidaritet-

---

* Kajsa Ekholm Friedman väckte stor debatt då hon 1997 dels i tal på ett möte anordnat av organisationen *Folkviljan och massinvandringen* tog upp oron för de problem en massinvandring skapar och dessutom skrev en artikel i samma ämne som fick rubriken *Invandringen leder till sönderfall.* Artikeln publicerades i Dagens Nyheter och följdes av en häftig debatt både i massmedia och i forskarvärlden och Kajsa Ekholm Friedman tvingades till sist göra avbön. Min artikel var ett inslag i den debatten.

en och att den i själva verket ”alltid inneburit grava problem”. Ett samhälle bestående av flera etniska grupper kan när som helst ”explodera i etniskt krig och etnisk rensning”. Men förväxlar hon inte då orsak och verkan undrar jag. När problem uppstår mellan etniska grupper är det ofta inte etniciteten som är skälet. Anledningen ligger istället i fördelningen av ett samhälles resurser och makten över dessa. Om exempelvis ett socialt och ekonomiskt underläge sammanfaller med etnisk grupptillhörighet uppstår lätt problem och den ”brist på lojalitet och solidaritet gentemot samhället i stort” som Friedman talar om kan följa. Det kan leda till konflikt men den beror då inte på etniciteten utan på ett **ojämlikt politiskt system**, något som det är viktigt att inse. Visst kan etniciteten vara en faktor att räkna med vid mobilisering av en sammanhållande kraft för att kämpa till sig makt. Men i det fallet är inte etnicitet effektivare eller farligare än sociala klasser, religion, partitillhörighet och andra samhällsgrupperingar.

Det som eventuellt kan göra etniska grupper starkare än andra grupper i samhället vad gäller kampen om resurser, är kopplingen till någon form av historisk territoriell ordning. Något som exempelvis är fallet med Quebecprovinsen och franskkanadensarnas tidvis återkommande krav på självständighet i förhållande till resten av Kanada. Ändå utgör den omständigheten bara en del av förklaringen till kravet. Den utlösande faktorn har istället varit den fransktalande befolkningens socioekonomiska underläge i federationen och framförallt i den provins där de själva utgör majoriteten. Tillgångarna och makten i näringslivet har i huvudsak innehafts av provinsens minoritet, de engelsktalande kanadensarna. Det har inneburit att franska språket inte varit gångbart på arbetsplatserna, något som naturligtvis gjort det omöjligt för de fransktalande arbetstagarna att hävda sig. I ett sådant läge är det inte svårt för någon som är ute efter personlig politisk makt att utnyttja den etniska kraften för att mobilisera till krav på separatism. Särskilt om man dessutom får stöd från den nation man kan leda sitt ursprung till och som man tidigare i historien varit en del av.

Etnisk splittring, separatism och utrensning är med andra ord betydligt mer facetterad än vad som inbegrips i ordet mångkulturalism. För att mångkulturalism ska leda till etniska krig, separatism och etnisk rensning krävs något mer än kulturella olikheter mellan samhällets grupper. Och där tycker jag Friedmans resonemang om Afrika kanske är det mest förvirrande exemplet i hennes inlägg. De etniska grupperna i Afrika uppstod ju inte då kolonialmakterna drog upp gränserna. De fanns där förut och levde mer eller mindre i sämja med varandra beroende på avstånd och tillgång på naturresurser. Vad som hände var att kolonialmakterna skapade nationer där inga gränser funnits, föste ihop, utnyttjade och splittrade olika kulturgrupper. Skattepålagor tvingade människorna kämpa med varandra om lönearbete och jordbrukskulturer gick omkull då familjemedlemmar försvann till gruvor och tätorter för att arbeta ihop de nödvändiga kontantmedlen. Hos exempelvis Lozifolket i västra delen av det som engelsmännen kallade Nord-Rodesia och som idag är Zambia, slogs ett sinnrikt fiske- och jordbrukssystem sönder. En konstruktion med åtta olika odlingssätt på sluttningarna och låglandet kring Zambesifloden, byggd på dess årliga översvämning under regnperioden, gjorde det möjligt med skördar året runt. Det höll befolkningen ganska välmående under århundraden, ända tills kolonisationen och kravet på kontanta skattemedel tömde området på manlig arbetskraft och de som blev kvar inte räckte till för att vidmakthålla jordbruket. Idag har jag själv kunnat konstatera att där råder både fattigdom och svält, medan andra grupper i landet lyckats skaffa sig makt och ekonomiskt välstånd mycket tack vare den tidigare kolonialmakten. Liknande situationer ligger bakom mycket av det som händer i Afrika och utgör i högre grad grunden till konflikter än det faktum att länderna består av en mängd olika kulturer.

Friedman förespråkar integrering, assimilering och homogenisering och menar att mångkulturalismen är boven i dramat. Den kan leda till etnisk diskriminering skriver hon och tar USA som avskräckande exempel, men tycks då glömma att det var just USA som tidigare hade integrering och assimilering av olika kulturer som ideal. *The Melting Pot* skulle jämna ut skillnaderna och skapa en homogen Amerikansk identitet och möjliggöra en positiv samexistens. Det målet visade sig få helt motsatt effekt. Etniciteten förstärktes istället hos människor som var rädda att förlora den grupptillhörighet, vilken utgjorde en viktig del av deras jag och känsla av trygghet. Kanske en av anledningarna till att arbetslivet idag etnifierats så starkt i USA. Det som Friedman kallar ”vurmen” för mångkulturalism hos dem som förespråkar en värdig samexistens för olika kulturer, är inte någon romantiserad variation på *The Melting Pot*. Det motsvarar inte heller föreställningen om något högre stadium på den evolutionistiska utvecklingsskalan som hon också vill mena. Den skalan tillhör 1800-talet och representerar ett synsätt man inom socialantropologin kämpat för att lämna åt historien. Att en professor i ämnet ändå använder den som slutsats i sin argumentering förvånar mig. Och den hjälper oss inte idag.

Den homogeniserade nationalstaten i Västeuropa som Friedman talar om, är en konstruktion grundad på ekonomisk utveckling vilken möjliggjordes genom att andra delar av världen koloniserades. Den bestod av en mängd olika kulturer och var inte mer homogen då än den är idag. Skillnaden var kanske den att man inte såg på varandra i negativa etniska termer. Dessa nationalstater bryts nu upp, inte av ”tentakler utifrån” utan på grund av ändrade ekonomiska och politiska förhållanden. En ökande mängd människor kämpar om allt knappare resurser och det ger idag anledning till oro. Oron och rasismen samt nynazismen som följt i dess spår, måste vi tala öppet om precis som Kajsa Ekholm Friedman säger. Men detta måste ske i medvetande om vad som är vad, så att vi inte rör till situationen och åstadkommer mer skada än nytta. Och istället för att inbilla oss att kulturskillnader skulle kunna assimileras bort, skulle vi kanske sträva efter mer ömsesidig tolerans och generositet gentemot dessa skillnader.

Är släktforskning forskning eller ej?

Frågan uppkommer efter att en person i min närhet ifrågasatt beteckningen forskning på hembygds- och släktdito. Att kalla rotandet efter gamla släktingar för forskning är alltför pretentiöst tycker vederbörande och efterlyser en större ödmjukhet hos oss som sysslar med detta. Något förslag på vad det ska kallas istället har dock inte kritikern, inte heller egen erfarenhet av forskning. Det mödosamma sökandet i kyrkbok efter kyrkbok i avsikt att få fram eftertraktade uppgifter som gör det möjligt att följa anornas väg från vaggan till graven, är alltså obekant för personen ifråga även om intresse för resultatet finns.

För att kunna göra en analys och utvärdering av det som på så sätt kommit upp till diskussion beslutar jag mig för att undersöka släktforskningen och dess förutsättningar lite närmare. Är det möjligt att bedriva spaningarna efter anor och ättlingar så att de uppfyller kriterierna för forskning undrar jag eller kan benämningen ifrågasättas?

Hur definierar man då forskning till att börja med? Ja, enkelt uttryckt är det ett systematiskt sökande efter kunskap.

I det här sökandet skiljer man mellan grundforskning och tillämpad forskning där grundforskningens främsta syfte är att få fram ny kunskap, medan tillämpad forskning innebär sökande efter kunskap för ett bestämt ändamål. Att sökandet är systematiskt betyder att forskaren följer en plan som gör att resultatet kan kontrolleras, och använder sig av en metod som underlättar detta, samt lämpar sig för forskningsobjektet och syftet med det. Och här ska man komma ihåg att det är skillnad mellan naturvetenskaplig kvantitativ forskning och den humanistiska kvalitativa, där ämnen som historia, etnologi, kultur- och samhällsvetenskap bl a ingår. Till skillnad från naturvetenskapen har man inom de humanistiska ämnesområdena inte så fasta och precisa definitioner till sin hjälp för att beskriva forskningsresultatet och det är därför svårare att kontrollera. I socialantropologin t ex som jag själv har erfarenhet av, upprättas ibland genealogier i folkgrupper där det inte finns några skrivna källor och där uppgifterna, om vem som är släkt med vem eller hur, skiftar beroende på personen som berättar. I sådana fall får man helt enkelt väga samman de olika upplysningarna och dra en slutsats som verkar rimlig samt notera eventuella avvikelser. En forskningsmetod som kanske kan verka vag och otillförlitlig för en oinvigd som föreställer sig att all forskning innebär kontrollerade försök av den typ som används inom naturvetenskapen.

När det gäller den släktforskning vi talar om här bedrivs den främst som tillämpad forskning och kan i princip ingå i alla de nämnda humanistiska forskningsfälten, både som en del av ett ämne eller tvärvetenskapligt av flera. Och för den som släktforskar exempelvis i Sverige finns det tillgång till skrivet materiel i de kyrkböcker prästerna förde och som numera i stor utsträckning är digitaliserade och åtkomliga för gemene man via datorn. Därmed inte sagt att de är lättlästa, eller ens alltid rätt skrivna för den delen. Nejdå, prästen kan ha skrivit fel eller glömt någonting och uppgifterna måste därför alltid kontrolleras i flera källor såsom husförhörslängder, födelse- och dopböcker, lysnings- och vigselböcker, död- och begravningsböcker mm för att data om personerna ska bli så riktiga som möjligt. Till kyrkböckerna hör också bilagor med flyttningsattester och annat som innehåller värdefulla uppgifter att konsultera. Det är med andra ord ett omfattande material att gå igenom och ett tidsödande och tålamodsprövande arbete. Men det är roligt också och därför lockar det personer som kanske inte alltid är så noga med vad de får fram eller hur slutprodukten ser ut. "Ekorrarna" som de kallas av Släktforskarförbundets utredare i *Kvalitet inom släktforskningen* (Haskå, Otfors, Persson). De syftar då på personer som fått för sig att snabbt och enkelt leta fram så många förfäder som möjligt utan att lägga någon större vikt vid kvaliteten på upplysningarna eller hur de hanteras och redovisas. Ett beteende som i sin tur lett till att medvetna och samvetsgranna akademiska forskare ibland tyckt att fritidssläktforskarnas arbeten inte är tillräckligt seriösa för att användas i annan forskning. Det gäller också en del av den hembygdsforskning som bedrivs av entusiaster inom hembygdsföreningarna. Och kanske är det ett sådant "dåligt rykte" som fått vår kritiker att ifrågasätta beteckningen forskning på den här typen av arbeten. Men även om vi som håller på inom de här områdena vet hur svårt det kan vara att disciplinera sig när upptäckarivern sätter in försöker nog de flesta ändå följa de kriterier som gäller all seriös forskning; nämligen att vara grundlig och systematisk, samt se till att hålla sig till kontrollerbara fakta.

För att uppnå dessa kriterier i släktforskningen måste sökandet alltså ske med noggrannhet och källan uppgifterna är hämtade ifrån anges i direkt anslutning för att möjliggöra kontroll. Det underlättar dessutom arbetet för forskaren själv som ibland behöver gå tillbaka och verifiera sin registrering. Andrahandsuppgifter ska också alltid kollas innan de används. Viktigt är dessutom att redan från början bestämma sig för hur pass utförligt uppgifterna ska noteras och sedan konsekvent följa det. Och det gäller såväl sättet födelsedatum, namn och ort registreras på som ifall uppgifter om ingifta, deras föräldrar, barn i tidigare äktenskap etc ska vara med eller ej. Om resultatet till sist publiceras ska också sådana beslut redovisas likasom vilka handlingar som utgör grund för arbetet och om de är originalhandlingar, kopior eller t ex digitala filer (se vidare Haskå, Otfors, Persson).

Vägen till någon form av publicering är dock lång och kanske är det inte heller målet för många av oss. Ett bra alternativ kan det då istället vara att lägga upp en släktsida på Internet för att på så sätt dela med sig av forskningen. Flera dataprogram för släktforskare erbjuder en sådan tilläggstjänst och gör det möjligt att visa släktträd, fotografier mm som inbjudna släktingar och andra intresserade kan ta del av. Man bör dock vara noga med att uppge på vilken nivå forskningen befinner sig så att alla som besöker webbsidan är medvetna om att den inte är någon slutgiltig produkt.

Fördelen med en släktsida på Internet är att intresserade också kan dela med sig av egna kunskaper, minnen, fotografier mm. Utbyte kan också ske med andra släktforskare och man kan på så vis få ökad tillgång till material som är värdefullt både för hembygds- och släktforskare. Det underlättar möjligheten att skapa sig en uppfattning om personerna och deras miljöer. Bilder är emellertid ibland svårtolkade och det är lätt att ta miste vad gäller en person eller något gammalt föremål denne har i sin hand och/eller arbetade med när fotot togs. Dessutom kan den avbildade inför fotograferingen ha lånat saker för att t ex se lite mer välbärgad ut. Något som framförallt gäller tidiga gårdsfotograferingar då man gärna lånade både hästar och annat av grannen. Målningar och teckningar kan också vara förrädiska då konstnären kanske har blivit övertalad att bättra på det ena eller det andra. Ett stort mått av kritiskt omdöme är därför på sin plats, och det gäller också viktiga och värdefulla bidrag som minnen och muntliga traditioner. Minnesbilder av personer och/eller händelser skiftar ju från individ till individ och kan därför inte direkt betraktas som giltiga fakta, utan får stå för upplevelsen och uppfattningen hos den som berättar. Hänsyn till nu levande släktingar och närstående måste också tas om man återger berättelserna.

Nackdelen med att lägga upp en släktsida på Internet är att även utomstående kommer åt att okritiskt kopiera uppgifter och bilder i mer eller mindre grad, beroende på vilka sekretessinställningar som kan göras. Man får också räkna med kritik och synpunkter på det som presenteras som inte alltid är så roliga och lätta att hantera. Någon släkting kanske inte gillar resultatet eller känner sig snuvad på möjligheten till eget forskande. Men i övrigt kan det vara mycket inspirerande att arbeta kreativt med en webbsida som omväxling till det ganska torra sökandet i kyrkböcker och andra handlingar. Den bör nog ändå helst skötas av forskaren själv så att risken för felaktigheter minimeras och en kontinuerlig uppdatering underlättas.

Men hur är det då slutligen med frågan om släktforskningen som forskning? Kan den kallas forskning, eller är det för pretentiöst och tyder på bristande ödmjukhet?

Att släktforskning är sökande efter kunskap råder det väl ingen tvekan om, och att sökandet sker i kyrkbok efter kyrkbok gör det också ofrivilligt systematiskt. Om släktforskaren dessutom följer de arbetsmetoder, kriterier, försiktighetsmått och kvalitetskrav som beskrivits här, förstår jag inte varför det hon/han sysslar med inte skulle kunna kallas forskning också i akademisk mening! Villkoren för att genomföra ett forskningsarbete i ordets rätta bemärkelse finns ju där. Och med tanke på att släktforskningen i likhet med hembygdsforskning i hög grad handlar om att kartlägga och presentera vanliga enkla människors liv och miljöer ("the small People" som han kallade det, Svanberg) kan den väl knappast heller anses pretentiös i överkant. Förhoppningsvis får ju dessa människor sin rättmätiga plats i historien genom det arbete släktforskarna ägnar sig åt, ofta på sin fritid, och det är väl ödmjukt nog!

Så min slutsats blir; **Ja, släktforskning är forskning!**

Men kanske skulle vår kritiker föredra om vi gjorde som på Linnés tid i Uppsala, då man kände sig nödsakad att förringa sin egen forskning och kalla den för ett *Pek* (=pekoral) om man bad en kollega läsa resultatet.
Pek kallade för övrigt också fångarna på Långholmen meddelanden de skickade mellan sig, enligt vad Barbro Alving berättat från sin tid där.
Ödmjukt eller ej? Svårt att avgöra.

Leva med släkten.

De senaste veckorna har jag tillbringat bland gamla släktingar, den äldsta född på 1600-talet. Jo det handlar om släktforskning, något jag hittills betraktat som ett dammigt letande i gamla kyrkoböcker. Inte nu längre. Istället fann jag ett spännande detektivarbete som leder fram till den ena förvånande upptäckten efter den andra beträffande en släkt jag inte ens trodde fanns. I min familj har vi nämligen alltid betraktat oss som ganska ensamma i världen. Därför blev det en omtumlande insikt att vi bara är en väldigt liten gren på ett enormt träd vars vildvuxna utlöpare tycks slingra sig hit och dit över jordklotet. Och allt detta med utgångspunkt hos några strävsamma bönder som födde en massa barn i torp och stugor, på en liten ort som knappt existerar längre. Som jobbade, älskade och läste katekesen för att klara husförhöret inför prästen en gång om året. Och som blev vid sin läst hur svår den än kunde vara, inte tog sig längre bort från hemmet än vad de kunde nå till fots eller med häst och vagn, och som till sist dog av rödsot, gikt eller ålderdom enl prästens noteringar. Det Amerika som några av ättlingarna så småningom gav sig av till visste de nog inte mycket om.

Och inte är det dammigt heller för det mesta av forskningen kan man numera göra hemma på sin egen dator med hjälp av några olika programvaror. Det enda som möjligen blir dammigt är den egna bostaden när sökandet håller en borta från allt vad städattiraljer heter och tiden framför datorn rullar iväg. Ryggen kroknar som på de gamla förfäderna och synen grumlas av att läsa texten i de inskannade handskrivna kyrkoböckerna som finns där på nätet. Vissa skrivna med väldigt tydlig och prudentlig stil, andra med de mest förvillande slingor som mer liknar stenografi än latinska bokstäver. Och ibland döljer en kaffefläck, eller kanske är det en skvätt nattvardsvin, just det som man så gärna ville läsa. Men jakten är lika intressant oavsett framgång, och svår att avbryta då prästernas sidnoteringar och små kommentarer ger inblick i livsmönster man knappt kan föreställa sig. Där skymtar drängar och pigor, lägrade kvinnor och oäkta barn tillsammans med ett och annat fattighjon, som ger näring åt funderingar kring levnadsöden och miljöer man bara vill veta mer och mer om.

När man sedan kommit en bit på väg i forskningen och lagt upp sitt släktträd på den hemsida datorprogrammet tillhandahåller, får man plötsligt meddelanden om att den ena eller den andra släktingen matchar någon i ett annat släktträd som upprätthålls av en nu levande anförvant. Därmed börjar sökandet i realtid, via Eniro, Google och Facebook istället, med total och allt uppslukande villervalla. Man ser drag av pappa eller mamma i fotografier som publicerats i de andra släktträden, eller på de anhöriga som ansvarar för dem och till sist känns det som om det finns släkt överallt. Då börjar man fundera över lösningar som DNA-prov för att på så sätt få rätsida på det hela. Något som också erbjuds av forskarprogrammet och som kanske är ett mer effektivt sätt än kyrkoboksläsandet. För ett DNA-test kan avslöja djupa släktursprung och göra det lättare att ansluta till genetiska kusiner utlovar programmet.

Ja, så långt kan man alltså nå när man ger sig in i något så dammigt och ointressant som släktforskning och frågan är nu om det någonsin går att återvända till att vara bara den där lilla familjen igen, så ensam i världen. För tycka vad man vill om den ensamma familjen, den stod i alla fall för en tämligen stor portion lugn och ro. Om man nu inte vill använda ord som integritet.

Släktforskning och minnen.

Den där släktforskningen skapar många dråpliga situationer när minnen av olika slag poppar upp. Då kan plötsligt minnesbilden av ett tak som brutet eller rakt bli ett tvistefrö mellan familjemedlemmarna. Särskilt om där finns en viss åldersskillnad, och historiska fakta kanske hunnit förändras under de mellanliggande åren. Ett tak kan ju till exempel ha blivit ombyggt och en kyrka förvandlad från vitmålad enkelhet till spåntäckt skönhet, medan åren gått och man haft blicken riktad mot något annat.

Likaså kan upplevelser vara väldigt olika därför att man befunnit sig i helt skilda åldrar. Det som är positiva minnen för den ena kan vara negativa för den andra. Systern som är några år äldre kan minnas vistelserna på landet hos fastern som underbara tillfällen då man hjälpte till att hämta korna från betesmarkerna i det fria, till mjölkning i hagen om kvällarna. Jag däremot kan minnas det som ögonblick av rädsla för att de stora råmande bestarna skulle sätta hornen i mig, när mina kortare ben inte kunde hålla undan. Och mjölken som kom ut när farmor drog i de dinglande spenarna under kornas magar, kan jag minnas som väldens äckligaste och att jag hellre ville ha den man kunde köpa i mjölkaffären.

För att inte tala om flugorna korna drog till sig och som inomhus fastnade i flugpapperet hängande likt en dekorativ girlang över köksbordet. Eller koskiten man när som helst kunde råka trampa i med bara fötter om man hade otur. Den som vissa av oss tyckte var så kul att mocka ut från lagår'n när korna stod inne. Något som i mina ögon var nästan lika illa som att ge grisen sovel. En äcklig sörja som luktade värre än det mesta och fick mig att avge heliga löften om att aldrig äta julskinkan som suttit på det där otäcka djuret, uppfött på slask. En försäkran jag naturligtvis hann glömma innan julen stundade.

Minnet av personer kan också bli väldigt olika på grund av några års skillnad i ålder. Sålunda kan systern minnas att en ingift släkting förstörde ett trivsamt matriarkat på gården, där två starka kvinnor tidigare skött sig själva och klarat även de tyngsta sysslor på egen hand. Jag kan istället minnas honom som en snäll farbror med ansiktet fullt av vårtor jag låtsades flytta om, då han lät mig sitta i hans knä. Eller att han var en duktig snickare som gjorde ett fint klappträ åt sin nya fru, att bulta kläderna med när hon tvättade på bryggan nere vid sjön. Andra i släkten kan minnas att de tyckte HAN var ett riktigt klappträ. Så säger man nämligen i Värmland om någon som inte har det så där hundraprocentigt ställt med förståndet. De menade t o m att han tagit livet av sin tidigare fru, syftande på att han låtit henne föda åtta barn, vilket blivit för mycket för henne. Något de oförsiktigt nog talade om när jag var inom hörhåll; ett barn som naturligtvis inte förstod vad de anspelade på utan tog dem på orden, och sedan inte längre ville sitta i den misstänkliggjordes knä.

Annars minns jag mest de spännande båtfärderna vi gjorde, min syster och jag, på jakt efter sjörövarskatter bland öarna i området. Och att jag enligt henne aldrig lärde mig sitta ordentligt mitt i båten hur mycket jag än försökte. Bättre gick det att sitta mitt uppe på hölasset för att inte trilla av. Eller sitta på utedasset och läsa gamla kataloger och tidningar medan det blåste kring rumpan. Där fanns de mest otillåtna berättelser, tillsammans med exotiska följetonger om shejker och romantiska noveller i gamla veckotidningar. Men jag minns också frustrationen när någon torkat sig med sidan som ”forts följer...” hänvisade till i Hemmets Veckotidning, och den oemotståndliga impulsen att spana ner genom fjölen för att eventuellt ändå få en skymt av hur det gick sedan. En första ingivelse att forska på otillgängliga områden kanhända, vilket ledde till vidlyftigare forskning senare i livet.

Och då syftar jag inte på släktforskning, för inom det området möter man inte så ofta den graden av otillgänglighet, även om man ibland får leta efter fortsättningen på de mest oväntade ställen. Att släktforskningen däremot väcker avlägsna och längesedan glömda minnen och insikter till liv, är dock ett som är säkert.

Släkten är värst.

I natt föll pappas antavla ner och skrämde nästan slag på mig. För att hålla isär alla släktingar bakåt i tiden medan jag forskar om dem hade jag helt enkelt skrivit ut en förteckning i form av ett släktträd. Det blev en hel del A4-ark som jag klistrade ihop och satte upp på en skåpdörr med hjälp av häftmassa. De täckte nästan hela ytan.

Skåpdörren är inte vilken dörr som helst eftersom den förvandlas till underdelen på min säng så snart jag bestämmer mig för att gå och sova. Jag bor nämligen i ett väldigt litet hus och för att få plats med den riktigt stor säng som jag gillar, har jag löst det hela med ett sängskåp. Det innebär att sängen dagtid står uppfälld på sin kortsida i något som ser ut som ett skåp tills jag, då kvällen kommer, fäller ut den och förvandlar skåpet till ett sovrum. Och när jag nu hade satt upp den stora kartan över släktingarna på dörren till sängskåpet, låg jag i princip ovanpå förfäderna och sov.

Inget konstigt med det. Våra boplatser blir ju med tiden lager på lager i myllan, vilken arkeologerna sedan gräver sig ner i för att kartlägga hur förfäderna levde. Sover på dem gör vi alltså redan lite varstans, så det här var ju helt naturligt tyckte jag. Ända tills förfäderna började protestera genom att rassla med A4-arken. Till en början bara lite lätt så att häftmassan lossnade från något av hörnen och jag måste återställa ordningen varje morgon när jag bäddade. Men så i natt rasade hela rasket ner.

På kvällen hade jag varit ute på stan och provat ett ganska nytt diskotek för personer i åldrarna 50+. Ett verkligt roligt initiativ, med tanke på att vi 40-talister som nu går i pension en masse inte känner oss så hemma med den dragspelsmusik som hittills varit huvudingrediensen i underhållning för pensionärer. Att släppa loss till diskodunk bland andra grånade vänner, var följaktligen en härlig upplevelse som fick mig att somna in med ett lyckligt leende på läpparna, när jag väl kommit hem och i säng. Tills jag plötsligt väcktes av ett förskräckligt rasslande i närheten.

Under resan in till diskot hade jag läst i Metro om en 99-årig dam som fått påhälsning av rånare 2 nätter i rad. De hade varit så råa att de t o m slitit handväskan ur händerna på henne där hon låg i sin säng, och nu trodde jag det var min tur. Alldeles stel av skräck lyssnade jag efter fler ljud, men det förblev tyst. Och när jag till sist sansade mig, tände lampan och såg mig omkring, upptäckte jag att förfäderna låg på golvet under sängen. Hela antavlan hade fallit ner i en massivt genomförd aktion.

Efter det skrämmande uppvaknandet tog det ett tag innan jag kunde somna igen och under tiden funderade jag på vad skälet kunde vara till detta uppror. Och just när sömnen till sist var på väg tillbaka, kom jag på det. De flesta av anorna på min fars sida hade nämligen varit metodister och det faktum att jag, gamla människan, tillbringat kvällen med ostrukturerad diskodans, gick förstås inte ihop med deras metodiska tänkesätt. Därför hade de helt enkelt visat sitt missnöje genom att överge mig.

Nu har jag rullat ihop och ställt undan antavlan, så dom får skavas mot varandra istället. Kanske tar jag fram dom igen på Alla helgons dag, om de sköter sig. Släktingarna på min mors sida sitter fortfarande kvar på dörren. De var av en mer levnadsglad och äventyrlig sort.

Finnskogarna.

Att bedriva släktforskning väcker inte bara gamla minnen till liv och klargör släktförhållanden bakåt i tiden. Man får också nya nu levande släktingar. På så sätt fick vi i ett nafs fler kusiner än jag någonsin kunnat föreställa mig. Visserligen 2:a, 3:e och 4:e kusiner som sitter lite längre ut på grenarna i släktträdet och ofta kallas för 2,3,4-männingar, men ändå. ”Hos oss i Norrland räknas de också som kusiner” enligt vad en av dem sa. En kusin vars farfar tillsammans med sin far följde järnvägen som rallare när den byggdes norrut från Värmland, och sedan blev kvar däruppe. För mig som levt ett helt liv i tron att vi systrar bara hade en enda kusin var det en väldigt trevlig överraskning att få flera. Dessutom ända upp i Norrland! I Värmland har vi ju alltid varit oss själva nog och inte riktigt räknat med andra delar av landet. Många gånger har vi inte ens räknat med alla delar av Värmland, utan bortsett från sånt som ansågs vara sämre ställen i landskapet, där det bodde mindre "fint" folk. Som Finnskogarna till exempel, en region den Värmländska låglandsbefolkningen betraktade som något av ett vilda västern. Farliga områden där folk söp, slogs och stack kniven i varandra, och där det var fullt av trollpackor och all sköns knytt.

Och lika överraskande som med de nya kusinerna blev det därför när jag upptäckte att en del av vår släkt antagligen härstammar från några av dessa ”trollpackor”. Finnländska svedjebrukare som kom hit på uppmaning av kung Karl IX för att röja ny mark och befolka gränstrakterna mellan Sverige och Norge på 15-1600-talet. Hårt arbetande bönder, många av dem ända från Savollax, som medförde sitt speciella odlingssätt att med hjälp av svedjebränning röja och odla upp vildmarken. De bosatte sig i områden som dittills varit öde och kom att bo kvar under förhållanden som nog många gånger krävde hjälp av både trolldom och annat för att de skulle överleva.

Släktforskandets upptäckt av namnet Vilhuinen bland våra anor blev alltså en nyttig knäpp på näsan för mig, som i barndomen mest hört negativa omdömen om Finnskogarna. Att pappa brukade spela Calle Jularbos romantiska visa om livet där borta i skogen på sitt dragspel, räckte inte långt för att motverka fördomarna jag nu får tillfälle att utforska och bearbeta. Men att få fram uppgifter om dessa förfäder är inte helt enkelt och just nu sitter jag fast i diverse intressanta forskningsrapporter och litteratur i ämnet. Bland annat Carl Axel Gottlunds dagböcker. En auktoritet på området Finnskogarna vars forskningsresor åren 1817 och 1821 med de noteringar han då gjorde, är enormt innehållsrika och detaljerade. En rolig och intressant läsning som ger många insikter om både svedjefinnarna och svenskarna. Det vill säga när man väl vant sig vid gammalsvenskan de är skrivna på och som behölls då dagboksnoteringarna gavs ut 1931 på initiativ av Värmlands Museum.

Dagböckerna från 1821 handlar främst om Värmland, och som en del av det omfattande arbetet där, gjorde Gottlund också en detaljerad förteckning över familjenamnen med beskrivning av ortnamn och bosättningar, som dokumenterats av Anna Forsberg och Niclas Persson i en utgivning av Veidarvon. Förutom uppgifterna om platser och bebyggelse tolkade Gottberg också i det sammanhanget vad namnen betyder på svenska och där kan man alltså läsa beträffande namnet Vilhuinen att det skulle stå för ”ögonblängaren”. Jag kan inte finska och litar därför helt på Gottlund i det här fallet. Dessutom kan jag känna ett visst släktskap med den översättningen eftersom jag ibland som barn blev kallad något liknande av mina syskon. Vad gäller Vilhuinen-familjens bosättning står det vidare: ”Bröderne Paul, Sigfrid och Olof Hans Söner Vilhuisia från Finland, skall först hafva bott någonstädes nära norska gränsen; men sedan återkommit derifrån och bosatt sig i skogarne i Vesterdalen, så nemligen att Paul V. upptagit byn Vilhula (Digellia) å Nås Finnskog...”

Om denne Paul har något samband med Pål Larsson Vilhuinen i vårt släktträd vet jag ännu inte, men tanken är inte omöjlig. Och att en av de viktigaste informanterna till senare tiders forskare på olika områden av skogsfinnarnas traditioner, inklusive runor, trollformler och kväden; Kaisa Andersson, hade tillnamnet Vilhuinen gör inte saken mindre intressant. Den fängslande forskningen om vår släkt går med andra ord vidare.

Ytterligare överraskningar.

Ja överraskningarna kommer slag i slag när man fördjupar sig i släktforskning. Ena stunden förvånas man över några finska släktingar som man inte hade en aning om, och i nästa stund visar det sig att det bara är en liten del av en av de största finska släkterna i norden. En släkt som växte genom ingiften med andra finska släkter och medelst rika barnkullar. Och där det finns berömda män som förhandlat med hertigar och kungar och som varit med om att grunda boplatser inte bara i de Värmländska skogarna utan också i det Nya Sverige som växte fram i Nord-Amerika på 1600-talet. Strävsamma kärva men hyggliga bönder som ställde upp för närstående och vänner i kampen för överlevnad, men som också kunde överlista och sätta kniven i den som alltför närgånget hotade deras existens.

Sålunda var det flera av dem som deltog i det trettioåriga kriget och förstärkte det svenska försvaret både i Pommern och Böhmen under generaler som Johan Banér och Lennart Torstensson. Och som stupade på slagfälten nere i Europa varefter deras eventuella krigsbyten och kvarvarande soldatsold skickades hem, tillsammans med en notering om den ärofulla strid de utkämpat mot fienden. Och medan jag noterar namn och årtal på ansedlarna i släkt-programmet tänker jag på hur mycket hårt arbete, svett och lidande som måtte ha varit förknippat med dessa avlägsna släktingars liv i våra mest otillgängliga bygder. Som trots att de tillhörde samma stormakt, bosatt sig i en del som utgjorde ett främmande land, där man talade ett språk de inte förstod och där de i vissa trakter tidvis sågs som inkräktare bland mer välbärgade, jordägande bönder nere på slättlandet. Svenskbönderna som de kallade dem.

Och det var inte bara svenskbönderna som ifrågasatte de annorlunda invandrarna. Även kyrkan ville ha sitt ord med i laget och krävde att svedjefinnarna skulle överge sin folktro och regelbundet besöka kyrkan för att där få sig den ”rätta” läran till livs. Prästerna fordrade också att de skulle överge det finska språket och prata svenska för att lättare fatta vad som förkunnades, bättre smälta in i det nya landet och förstå dess lagar och regler. När sedan järnbruken växte upp i många delar av Sverige blev skogen värdefull för staten som kol till hyttorna och svedjebränningen, som var finnarnas speciella sätt att röja och odla vildmarken, förbjöds. Därmed blev de utan möjlighet att överleva på sina oländiga och magra markområden och nu var de inte längre välkomna vare sig som gränsvärn eller som nyodlare, utan uppmanades att återvända dit där de kommit ifrån. Och eftersom detta var omöjligt för de flesta av dem drev många omkring i landet praktiskt taget fredlösa eller skickades av myndigheterna till Nya Sverige.

Till sist insåg dock den svenska staten att finnarnas skatter behövdes i statskassan och ändrade attityd. Många av de tidigare svedjebrukarna blev nu istället kolmilare och uppförde milor på sina markområden där de på så vis kunde framställa det träkol som mer och mer behövdes till järnbrukens masugnar vilka växte fram i landet. Och det faktum att milorna måste vaktas dygnet runt gav också jobb åt många av dem som blivit av med sina svedjebruk. De riktigt listiga kolmileägarna sådde sedan råg i den kolbotten som var kvar när milan brunnit ut och en ny byggdes upp en liten bit längre bort. På så vis fick de ut samma odlingseffekt som vid svedjebränning, om än i mindre skala. Därmed kunde finnarna överleva och en del t o m få en riktigt god inkomst. Åtminstone så länge träkol efterfrågades, vilket det i stort sett gjorde ända fram till krigsslutet 1945.

Det har med andra ord legat likt en dimma av brandrök över den här grenen av släktträdet i århundraden och kanske är det en del av förklaringen till att släktskapet blev en sån överraskning när det väl upptäcktes.

En annan överraskande gren, vars medlemmar dock inte fört något liv bak rökridåer precis, utan tvärtom har en historia av iögonfallande maktkamp och blodspillan, trots ett harmlöst smeknamn, är härstamningen från den "hårfagre" förste Harald på Norges kungatron. Och det släktskapet kan ledas tillbaka till självaste Injald illråde, en vikingahövding som inte lär ha varit lätt att tas med. Hans son Olof Trätälja var en välkänd figur i staden Säffle där jag växte upp, men utan att någon av oss som ibland vandrade runt på hans gravkulle, någonsin hade en tanke på att denna vikingahövding kunde tillhöra ens egen släkt. Och så säkert är det väl kanske inte heller med tanke på att de historiska fakta som finns på området till stor del baseras på sägner och sånger nedskrivna av Snorre Sturlason på Island under 11- och 1200-talet. Likasom på de runstenar man med tiden lyckats tolka och läsa. Men därmed finns det ju inte heller någon anledning att utesluta möjligheten att ens släktträdet har ympats med Olof Trätäljas familj när det nu ändå ser så ut. Och i varje fall kom han enligt sägnen farande nedför Byälven och slog sig ner precis där den rinner ut i Vänern, vilken är en bra beskrivning av platsen och området de sedan kallade Värmland.

Att Värmland blev så populärt så det överbefolkades, med hungersnöd och svält som följd, rådde ju egentligen inte Olof Trätälja för, även om han fick skulden då han enligt sitt folk blotat för lite, och därför brändes han inne i sitt hus som straff. Tydligen fanns där ändå några rester kvar av honom att lägga under den kungshög hans släktingar något årtusende senare aningslöst vandrar omkring på.

Med Harald hårfager och hans bärsärkars hjälp bär den här grenen i släktträdet sedan iväg över Danmark till Skottland och England alltmedan håret växer på den "store, starke och reslige" ledaren. Detta enligt Snorre Sturlason som förklarar att den berömda peruken var resultatet av Haralds ed att inte "skära eller kamma" sitt hår förrän han tillägnat sig ett så stort rike att han kunde vinna den vackra jungfrun Gyda till hustru. Och det lyckades han också med efter att ha blivit enväldig i hela Norge. Den goda Gyda var dock inte hans enda hustru utan enbart en i raden av fruar och frillor, som födde honom väldigt många barn. Och att några av alla dess ättlingar återfinns i Värmland är helt i sin ordning då Harald hårfager styrde även där likasom i Dalsland.

Hundvakten.

Av och till får jag i uppdrag att ta hand om familjemedlemmarnas hundar när någon av dem måste resa bort. Endera är det barnbarnets eller också är det dotterns hund. Båda blandrasexemplar av mindre storlek. Den ena, en förening av terrier och fjärilshund där ena öra står upp och det andra hänger ner. Den andra påstås vara av något liknande slag men påminner mer om en teddybjörn än en hund. Sympatiska är de båda fastän på väldigt olika sätt. Den ena är morgonpigg och vill gå ut så snart man öppnar ena ögat. Den andra är kvällspigg och ska till varje pris leka när man som bäst vill titta på det där enda TV-programmet värt att se.

Emellertid, det senaste uppdraget var att ta hand om den morgonpigga teddybjörnen som började gnälla och ville gå ut så fort jag visade minsta antydan till att var vaken. Att släppa ut henne på gården lyckades inte. Nej hon ville till varje pris ha sällskap, så jag fick lov att kränga på mig både det ena och det andra för att ta mig ut. Det var årets första snöstorm och jag hade gärna avstått men vad gör man inte för ett litet liv som tigger och ber. Nåväl det blev en kort tur då det nödvändigaste av hunduppdraget ändå blev gjort. D v s nosa upp och kissa på andras revirmarkeringar. Det finns många hundar här i området så det kom att bli ett väldigt skvättande, men utan att jag behövde gå någon längre sträcka i min pyjamas, hjälpligt täckt av kappa och stövlar. Och säga vad man vill, frukosten och kaffet smakade väldigt gott efteråt.

Innan matte reste iväg och överlämnade teddybjörnen i min vård hade hon lagat till en älgfilé med potatisgratäng åt sig och sin man som en festmåltid inför resan. Mannen är jägare och drar emellanåt hem några fina köttstycken som sedan vilar i deras frys, tills dottern vanligtvis lagar till någonting riktigt gott av något av dom. Emellertid hade de den här gången inte orkat äta upp den vällagade måltiden så jag fick överta det som blivit över, som tack för hjälpen med hundvaktandet. För mig är inte älgfilé vardagsmat precis vilket det förmodligen kan bli om man är gift med en jägare, och jag tyckte inte jag kunde konsumera sådan lyx utan att dricka åtminstone ett glas vin till. Alltså blev jag tvingad att lämna den kära vovven ensam ett tag för att per buss ta mig till närmaste systembolag. Ett svårt dilemma som fick mig att genomlida ett rejält anfall av beslutsångest innan jag till sist slängde mig iväg.

Att jag i det läget glömde busskortet var naturligtvis bara väntat. Och att busschauffören på återvägen åkte förbi min hållplats trots att jag tryckt på stannaknappen hörde liksom bara till. På det sättet fick jag ju längre väg hem än beräknat, och tog självklart en genväg genom skogen för att reducera den. Och att jag då röd i ansiktet och svettig snubblade fram över stock och sten, nära att falla och bryta vad vet jag, hör naturligtvis bara till då stressen över att så hjärtlöst ha lämnat en hund, för att inhandla en flaska vin till en älgfilé, satte in riktigt ordentligt.

När jag så efter denna vådliga utflykt äntligen kom hem med andan i halsen, fann jag inte alls den lilla vovven gnällande och hoppande av glädje innanför ytterdörren som jag hade väntat mig. Nej då, teddybjörnen låg istället i godan ro, inbäddad i min bästa fleecepläd i skönaste fåtöljen. Där hade hon utan vidare passat på att installera sig på bekvämast möjliga vis i väntan på en återvändande ställföreträdande matte med dåligt samvete. Hon visste mycket väl att jag i det läget inte skulle protestera mot tilltaget, och nog är det förvånansvärt hur genomskådad man kan bli av en liten hund.

Måndagsförmiddag i augusti.

Sommarlovet var slut och plötsligt stod alla villaträdgårdar i området tomma. Där det tidigare varit fullt av barn som rasat runt på gräsmattorna, hoppat i studsmattor och varit inbegripna i bollspel av de mest skiftande slag syntes nu inte en människa. De stora villorna låg tysta och öde, med väl tilltagna fönster gapande från golv till tak, så man kunde se rakt in genom tomma och välstädade vita rum. Det såg nästan ut som om en förestående katastrof av något slag hade fått alla att samtidigt gemensamt överge sina hem i all hast alltmedan cyklar, bollar, plast-lastbilar och traktorer tillsammans med spadar och hinkar i klara färger låg kvar, utspridda som om de övergivits mitt i leken. Vid hörnvillan med den väl tilltagna gården där ägarna byggt upp en regelrätt lekpark åt sin stora familj, hade det dagen innan varit full rulle på 8-9 barn i olika storlekar som for nedför den orangefärgade rutschkanan under skrik och tjut. Nu stod rutschkanan där tom och lyste som ett utropstecken av övergivenhet i sin färgprakt. Det var slutet av augusti, skolorna hade börjat, semestrarna var slut och hunden Ebba och jag kunde ostörda promenera genom området som vore vi de enda överlevande.

Nej, det fanns en till. En äldre man som satt i godan ro på sin terrass och läste. Han märkte oss inte och det verkade som om han njöt helt och fullt av ensamheten och stillheten. Utspridda över gräsmattan nedanför terrassen, låg några mystiska tefatsliknande föremål och lyste klargult, som hade en invasion skett från någon avlägsen planet. Ingen annan än den gamle läsande mannen syntes dock till och tystnaden var total. Invasionen hade antagligen bestått av barn och barnbarn som under helgen rumsterat runt i den gamle mannens trädgård och sedan lämnat efter sig diverse mystiska leksaker av senaste modell. Nu sökte mannen vila efter helgens tumult och brydde sig inte om lämningarna på gräsmattan.

Vi gick obemärkta vidare och tog vägen förbi den stora villan med det höga vita staketet för att se om hunden, stor som en kalv, åtminstone var där. Lilla Ebba som är en blandning av fjärilshund och terrier, tycker om att utmana ödet och sticka in nosen under staketet för att känna doften av den imponerande besten, en Grand Danois om jag gissar rätt. Och där låg han som vanligt på översta trappsteget mellan pelarna på verandan, framför dörren in till huset. Han täcker hela trappan med sin enorma kroppshydda och signalerar övertygande att här kommer inte en jäkel förbi. Vanligtvis brukar han inte röra en min vid Ebbas försök till kontakt, men idag kände han kanske en extra press i ensamheten, reste sig makligt och kom fram till staketet för att syna oss. Ebba blev helt till sig av glädje och for runt som en skottspole på trottoaren utanför, alltmedan den stora hunden tittade lite nedlåtande på hennes krumbukter utan att röra en fena. Han var inte imponerad och till sist var det istället Ebba som blev provocerad. Svettig och andfådd av sin uppvisning tyckte hon uppenbarligen att han väl ändå kunde göra någonting, så hon försökte med ett par skall istället. Den stora hunden tittade överlägset ned på henne ett tag men efter en stund tyckte han tydligen att det räckte och så la han av ett ”WOFF” som fick Ebba att förvånat studsa bakåt och frågande titta på mig. Det såg ut som om hon inte riktigt fattat vad det där var för något och det förstår jag, för det som den stora hunden åstadkom liknade mer ljudet från en ångbåtsvissla än ett hundskall. Och ändå var det säkert inte mycket mer än en liten ljudlig utandning han besvärade sig med.

Ebba tyckte helt klart att en hund som låter på det där viset inte är något att satsa på och visade tydligt att nu var hon inte längre intresserad. Hon vände ändan mot staketet och gick demonstrativt därifrån.

Vi styrde stegen hemåt i stillheten. För min del tankfullt reflekterande över alla dessa väl tilltagna bostäder som, så när som på någon ensam hund, står tomma stor del av dygnet, samtidigt som vissa i vårt land inte har någon bostad alls.

Punkt

kan man sätta på många vis. Nyligen fick jag en i ett sms-meddelande som resultat av en meningsskiljaktighet. Ingenting annat bara detta tecken ensamt i pratbubblan.

Först såg jag inte att där fanns någonting överhuvudtaget. Sedan upptäckte jag den lilla pricken och blev osäker på om det var ett skämt eller ej. Att avsluta en sms-konversation så fåordigt och drastiskt verkade inte trovärdigt. Inte bland vuxna. Och den här punkten kom från en väldigt vuxen person, åtminstone vad åren beträffar, och inte från någon tonåring som man skulle ha kunnat tro. Var det då ett misstag kanske? Nej, att först trycka på punkttangenten och sedan på kommandot för skicka, gjorde inte det alternativet särskilt trovärdigt heller. Speciellt inte med tanke på tystnaden som följde.

Det dröjde alltså innan jag insåg att punkten skickats på allvar och förmodligen skulle betyda slut på en kontakt. Lite lakoniskt uttryckt skulle man väl ändå kunna tycka. Och inte helt entydigt heller för den delen, eftersom en punkt ju kan vara både början och slut. Slutet på en mening och början till en ny. Kanske en ny ståndpunkt. En ny åsikt eller ett nytt stycke. Ett nytt element i en punktlista. Eller en ny punkt på dagordningen. Räntehöjning i finansvärlden. Och rentav förlängning genom en punkterad not i musiken. För att inte tala om en hel berättelse i punktskrift.

Men en punkt ensam för sig, utan både före och efter! Det är ju ingenting. Bara en rund ring, en prick utan mening och innehåll. Som en flugskit på displayen man kan spotta på och sedan torka bort.

Så vad är det då egentligen för mening med att skicka enbart en punkt i ett sms? Det säger ju inte någonting som ens gör det mödan värd att trycka på knapparna. Kanske kostar det dessutom rent av en slant att få iväg, beroende på vilket mobilabonnemang avsändaren har! För att inte tala om hur sorgligt det är att begränsa en kommunikation till valet av en prick som inlägg i samtalet. Och detta trots alla bokstäver, smilisar och symboler som står till buds i den digitala världen och kan användas för att häva en palaver.

♥

Tips på litteratur och webbsidor:

Driften är alltid naken.
Small Meredith F 1995. *What's Love Got to do with It?*
First Anchor Books.

"Varför överlever gamla tanter"
Dawkins Richard 1983. *Den själviska genen. The selfish gene.* (originaltitel) Översättning Roland Adlerberth.
Tidens förlag, Stockholm
Hawkes Kirsten och Rickard R. Paine (ed) 2006. *The evolution af human life history.*
School of American Research advance seminar series
Lazaro Enrico 2012. *New Study Supports 'Grandmother Hypothesis.*
Sci-News.
http://www.sci-news.com/othersciences/anthropology/article00678.html

Kroppen och Minnet.
Casasanto Daniel och Katinka Dijkstra 2009. *Motor action and emotional memory.*
http://www.casasanto.com/papers/Casasanto&Dijkstra_Cognition.pdf
Keysers Christian 2011. *The Empathic Brain*
Kindle Edition
Loftus Elisabeth. University of California
http://socialecology.uci.edu/faculty/eloftus/
Shapiro Lawrence 2011. *Embodied Cognition.*
Routledge, New York.

Mullback och subjektiviteten.
Mullback Lars. svensk författare, journalist och filmregissör.
http://mullback.se/

Telefonstolparna.
Tummen upp… 2009. Forskning och Framsteg
http://fof.se/tidning/2009/5/tummen-upp-for-giftiga-stolpar

Clean Space One och annat jordnära.

Deak Anita 1996. *A Museum's Role in Society*
Stockholms Universitet

MT. Everest Art Project ESA mm
http://www.everestsummiteersassociation.org/

Felicias pappa försvann.

Eberhard David 2013. *Hur barnen tog makten*
Bladh by Bladh.

Feldt Felicia 2012. *Felicia försvann.*
Weylers Förlag.

Wahlgren Anna 2008. *Barnaboken.*
Senaste utgåvan Anna Wahlgren Förlag AB

Alkohol och kreativitet i dagens samhälle.

Norlander Torsten 1997. *Alcohol and the Creative Process*
Göteborgs Universitet

Jarosz Andrew F, Gregory J.H. Colflesh, Jennifer Wiley 2012. *Uncorking the muse: Alcohol intoxication facilitates creative problem solving*. Consciosness and Cognition.
University of Illinois at Chicago

Genmanipulation eller manipulerad genteori?

Wright Robert 1994. *The Moral Animal: Why We Are, the Way We Are.*
Vintage Books

Var finns egentligen de farliga prionerna?

Keesing Roger M. 1976. *Cultural Anthrolology.*
Holt, Rinehart and Winston.

Lind Amanda, Emma Lundgren, Anne Stefansson, Kristin Önnesten 1998. *Prioner.*
http://xray.bmc.uu.se/Courses/Bke1/1998/Projects/Prions/Aprioner.html

Vem ska granska forskningen?

Lovelock, James. 1995. *The ages of Gaia: a biography of our living earth.*
W.W. Norton, New York

Är släktforskning forskning eller ej?
Haskå Guno, Annika Otfors och Bodil Persson 2002. *Kvalitet inom släktforskningen*
Sveriges Släktforskarförbund

Finnskogarna.
Gottlund Carl Axel 1931. *Dagbok över mina vandringar på Wermlands och Solörs finnskogar 1821.*
Värmland förr och nu
Forsberg Anna, Niclas Persson 1999. *Gottlunds nedteckingar av finska släktnamn i husförhörslängderna 1820-1824.*
Veidarvon, cop.

Ytterligare överraskningar.
Skafte Domar 1982. *Pekka Suhoinen och hans resa till Wermland och Nya Sverige.*
Solör-Värmlands finkulturförening.
Sturlasson Snorre, övers Åke Ohlmark 1964. *Eddan/ Snorre Sturlassons bok om forntida Nordens gudar, sagor, hjältar och urgamla dikkonst.*
Zinderman.